KB136372

협상사례연구 시리즈 2

노동갈등해결의 실무와 사례

원창희, 이은희, 김한조, 채형석 지음

한국협상경영원
Korea Negotiation Management Institute

한국협상경영원은 지난 4년 간 협상가1급 자격증 과정과 마스터협상가 과정을 운영하면서 많은 우수한 교육생들을 배출하였다. 단순한 지식의 습득 차원을 넘어서 그 지식을 현장에 적용하고 현장으로부터 새로 배우게 되는 학습과 경험의 순환을 경험하게 된다.

협상의 역량개발은 지식습득과 실습을 통해 상당부분 성취될 수 있다. 하지만 한 걸음 더 나아가 현장에서 경험을 사례로 발굴하여 체계적으로 분석하고 비교하고 또 이론과의 적합도를 가늠해보는 고도의 현장사례연구는 실천적 협상역량을 개발하는 더 없는 좋은 기회로 보인다.

협상을 학습하면서 쉽고 재미있게 이해할 수 있는 방법은 사례를 통해 현장감을 체득하는 방법이다. 그럼에도 불구하고 막상 적절한 사례를 찾으려고 하면 찾기 어려운 현실에 직면한다. 왜냐하면 정형화된 사례를 발굴하여 체계적으로 분석해 놓은 문헌이 별로 없기 때문이다. 분명 현장에는 많은 사례가 있음에도 이를 연구하고 분석한 연구가 별로 없어서 사례 구하기가 어려운 것이다.

협상교육과정의 교육생들은 각자 직장이나 분야가 서로 달라 갈등과 협상의 분야별로 특화된 현장 관찰과 분석을 해보는 것이 효과적일 것으로 보인다. 그래서 그 동안 몇 개 분야의 사례연구팀이 조직되어 사례연구가 진행되어 왔다. 그 중에 하나가 바로 노동갈등연구팀이다. 노동갈등연구팀은 1년에 걸쳐 각자 자신의 노동갈등 사례를 발굴하려고 노력하였다.

노동갈등은 노사갈등이라고도 한다. 한 작업장 내에서 노동조합과 사용자 간의 집단적 노동갈등이 발생하거나 근로자와 사용자 간의 개별적 노동갈등이 발생한다. 또한 노동갈등이 작업장 내에서 해결되는 경우도 있지만 노동위원회나 법원으로 가서 해결되는 경우도 있다. 연구자들은 이렇게 작업장 내에서 다양한 노동갈등을 관찰하고 분석하여 사례로 완성하는 창조적 활동에 온 힘을 기울였다.

사례의 비교분석과 교훈을 얻기 위해 연구 집필자들은 각자 노동갈등을 해결하는 과정과 결과를 일정한 틀 속에서 담아내보기로 하였다. 또한 갈등을 해결하는 과정에서 어떤 협상스킬이 사용되었는지 살펴보고 사례 연구에서 배울 수 있는 교훈을 도출하려고 노력하였다.

집필자들이 작성한 사례는 제2부에 수록된 총 10가지이다. 노동갈등의 분류와 특징을 고려하여 집필자도 명시하여 정리하면 다음과 같다.

표 0.1.1 사례의 분류와 저자 목록

분류	해결방법	사례	저자
집단적 노동갈등	단체교섭	사례 1. 분단위 유연근무제 도입과 윈윈협상 사례	김한조
	단체교섭	사례 2. 공공부문 비정규직의 정규직 전환 사례	김한조
	임금교섭	사례 3. 서비스업 노사 임금교섭 사례	채형석
	차별 심판 소송	사례 4. 단시간근로자의 수당·복지 차별 분쟁해결 사례	원창희
개별적 노동갈등	차별 갈등 협상	사례 5. 채용관련 성차별갈등 협상 사례	원창희
	휴직 갈등 심판	사례 6. 육아휴직 관련 노사갈등해결 사례	채형석
	징계 갈등 화해	사례 7. 징계와 부당해고 갈등해결 사례	이은희
	직장 내 괴롭힘	사례 8. 직장 내 괴롭힘 해결 사례	채형석
	직장 내 괴롭힘	사례 9. 인사고과와 퇴직 갈등해결 사례	이은희
	산재 진정 소송	사례 10. 산업재해 보상 갈등해결 사례	이은희

이 사례를 효과적으로 이해하기 위해 제1부에서는 노동갈등의 유형과 특징, 구조 분석, 해결방법과 스킬 등 노동갈등해결의 이론과 실무를 설명하였다. 제3부는 10개의 사례를 공통의 항목들로 비교분석하고 교훈과 시사점을 도출하였다. 제1부는 원창희가 담당했으며 제3부는 모든 집필자가 참여하여 완성하였다.

　노동갈등의 해결과 협상에 관심 있는 독자들에게 조금이나마 도움이 되기를 기대하며 이 책의 부족한 점에 대한 조언을 환영한다.

2024년 6월 15일
대표 집필자 원창희 씀

▌추천사 ▌

1950년 한국전쟁 종료 이후 한국은 세계 열 번째로 큰 경제대국으로 빠르게 성장하였다. 그런데 이러한 놀라운 성장은 그만한 대가 없이는 불가능하다. 한국 기업들은 거칠게 경영하고 지나치게 경쟁적이며, 작업 규율이 엄격한 반면 휴식이 턱없이 부족하다는 비판을 받고 있다. 한국인은 세계적으로 노동시간이 가장 긴 불명예를 가지고 있다.

이것은 직장에서 스트레스와 공격성으로 이어지고 있으며, 사람들 간에 발생하는 갈등이 합리적인 토론이 아니라 적대적인 방법(파업, 괴롭힘 등)으로 해결되는 듯하다. 이것은 작업장의 기능장애를 초래하고 작업시간손실, 소모적 논쟁, 불만족 근로자의 이직, 재훈련 비용 등 거대한 경제적 비용을 유발한다.

이 책은 작업장 사례에 초점을 맞추어 노동갈등의 이론과 실무를 분석하고 있다. 필자들은 공통의 형식과 구조로 갈등해결사례를 개발하고 사례로부터 도출하는 토론, 타협, 원원해결 같은 합리적인 방법을 제시하고 있다.

각각의 갈등해결 이야기는 그 자체로서 재미있을 뿐 아니라 학생이나 노조간부와 인사관리자 같은 유경험 협상가 모두에게 밝게 비추어주고 있다. 많은 이야기와 비교분석은 협상전문가들의 분석에 따라 갈등사례의 원인, 전략 및 스킬을 배울 수 있는 기회를 독자들에게 제공하고 있다.

이 책은 독자들이 사례연구로부터 배우고 영감을 얻도록 장려하고 있다. 각 사례는 학생이나 실무자에게 실무지식과 스킬을 제공하고 사례의 비교분석은 깊은 통찰력을 줄 것이다. 이 사례들은 모두 실제 경험이기 때문에 사례분석을 통해 교훈을 쉽게 얻고 모방할 수가 있다.

2024년 6월 1일
잰 선우(Jan Jungmin Sunoo)
미국 연방조정알선청(FMCS) 조정관(전)

Recommendation for
"The Practice and Cases of Labor Conflict Resolution"
by Chang Hee Won, Eun Hee Lee, Han Jo Kim, & Hyung Seok Chae

Korea has grown rapidly to be the 10th largest economy in the world since the end of the Korean War in 1950. However, this amazing growth has not occurred without serious costs. Korean companies have developed a reputation for tough management and a highly competitive work environment, tight work discipline and little vacation or break time. Koreans have the dubious honor of working the longest workday in the modern world.

This has led to stress and aggression at the work place, so that conflicts arising between people are more likely to be resolved through confrontation (e.g. labor strikes, bullying) than through reason or discussion. This results in workplace dysfunction and has a huge economic costs in time lost from work, arguments, dissatisfied employees quitting, retraining costs, etc.

This book analyzes labor conflicts in theory and practice, focusing on actual cases at the workplace. The co-authors develop their conflict resolution cases using a common format and structure. They suggest reasonable approaches such as discussion, compromise and win-win solutions which are derived from their stories.

Each conflict resolution story is fascinating in itself as well as illuminating to both the students and the experienced negotiators such as union leaders and HR managers. The many stories and comparative analyses provide the reader the opportunity to learn the causes, strategies and skills of the labor conflict cases as analyzed by a negotiation expert.

This book encourages the reader to learn and be inspired from these case studies. Each case study gives the student/practitioner practical knowledge and skills and the comparative analysis of cases gives deep insight. Because these are all real life experiences lessons can easily be learned and replicated from these case studies.

June 1, 2024
Jan Jungmin Sunoo
Commissioner, US Federal Mediation and Conciliation
Service(retired)

▌차례▐

▮ 표 차례 ▮

▌그림 차례 ▐

▌부록 차례▐

제1부

노동갈등해결의 이론과 실무

제1장 노동갈등의 유형과 특징
제2장 노동갈등의 구조 분석
제3장 노동갈등의 해결방법과 스킬
제4장 노동갈등해결 사례연구 목적과 방법

제1장
노동갈등의 유형과 특징

1 노동갈등과 분쟁의 개념 및 유형

노동갈등(labor conflict)은 단순하게 노동과 관련해서 발생하는 갈등이라고 해도 설명이 틀리진 않는다. 갈등 대신 분쟁을 사용하여 노동분쟁은 작업장에서 개별적이든 집단적이든 사용자와 근로자 또는 근로자집단 간에 발생하는 분쟁을 말한다 라고 정의하기도 한다.[1] 대표적으로는 근로자 개인고충과 노사 간 단체교섭결렬이 있다. 노동분쟁은 집단성 여부에 따라 집단적 분쟁과 개별적 분쟁으로 구분되는데 집단적 분쟁은 단체교섭과정에서 발생하는 집단적 이익분쟁과 단체협약 불이행이나 해석과 관련한 집단적 권리분쟁을 포함한다.[2]

노동분쟁을 조직노동분쟁(organized labor disputes)과 고용분쟁(employment disputes)으로 구분하기도 한다.[3] 조직노동분쟁은 근로자의 단결권과 고용조건에 대한 단체교섭권에 따른 노사 간 분쟁을 말하고 단체협약 체결과 해석상에서 주로 발생한다. 고용분쟁은 근로자 개인이나 소수집단과 사용자간 체결된 고용계약상의 임금, 차별, 장애, 휴가 뿐 아니라 채용, 해고, 산재 등에 대한 분쟁을 포함하고 있다. 용어를 달리하지만 조직노동분쟁은 집단적 노동분쟁과 동일하고 고용분쟁은 개별적 노동분쟁과 동일하게 해석해도 무방하다.

여기서 갈등과 분쟁이 어떻게 같거나 다른지 살펴볼 필요가 있다. 갈등은 무력에 의한 충돌이기도 하고 사람의 내면의 정신적 투쟁, 희소한 자원으로 서로 동일한 목표를 추구하는 투쟁상태 등으로 표현되기 때문에 내면적 갈등으로 있을 때에는 분쟁과 차이를 보이지만 외형적 행동으로 나타나는 경우에는 분쟁과 동일하게 사용될 수도 있다. 이러한 갈등과 분쟁의 정의와 특성을 종합해서 두 개념을 구분해 보면 다음과 같다. 갈등이 두 사람 또는 집단 간 정신적, 물질적 투쟁 상태를 말한다면 분쟁은 보다 법률적이고 경제사회적인 투쟁 상태를 말한다.4) 다시 말하자면 갈등이 투쟁의 심리적, 사회적 표현이라면 분쟁은 투쟁의 법률적, 사회적, 경제적 표현이라 볼 수 있다. 갈등이 이미 법정으로 가져가게 되면 분쟁상태로 보는 것이 자연스러운 이유는 이러한 두 개념간의 차이 때문일 것이다.

한편 노동자와 사용자를 명확하게 대비시키면서 갈등을 언급하는 노사갈등(勞使葛藤, Labor-Management Conflict)이라는 용어도 있다. 노사갈등은 노동자와 사용자 사이에 고용조건, 근로조건, 근로환경 등에 대한 불만으로 야기되는 갈등이라고 정의할 수 있다. 노사갈등에서는 갈등의 당사자로서 노동자와 사용자를 명확히 지정하고 있다. 마찬가지로 노사분쟁(勞使分爭, Labor-Management Dispute 또는 Industrial Dispute)은 노동자와 사용자 사이에 고용조건, 근로조건, 근로환경 등에 대해 발생하는 분쟁이라 정의할 수 있다.

개별적 노동갈등이나 분쟁은 근로자의 개인적 불만처리나 권리이익의 침해 등으로 발생하는 갈등 또는 분쟁으로 개별적 근로관계법에 의해 규율된다. 개별적 근로관계법은 근로기준법, 최저임금법, 선원법, 남녀고용평등법, 근로자파견법, 기간제법을 포함하고 있다. 개별적 노동갈등이나 분쟁은 근로계약을 체결한 근로자와 사용자 간에 발생하는 개별적 근로관계법 해석의 차이나 다툼을 말한다.

개별적 노동갈등 사례를 법률별로 한두 가지씩 소개하면 다음과 같다.

-근로기준법: 임금체불, 시간외근로, 부당해고, 직장 내 괴롭힘

-최저임금법: 최저임금 위반

-남녀고용평등법: 남녀고용차별

-근로자파견법: 차별적 처우

-기간제법: 단시간근로자의 통상근로자 전환

집단적 노동갈등이나 분쟁은 노동조합과 사용자 간에 단체교섭의 체결과 해석과 관련하여 발생하는 갈등이나 분쟁을 말한다. 집단적 노동분쟁은 집단적 이익분쟁과 집단적 권리분쟁으로 구분되는데 전자는 노사 간의 단체교섭의 체결 과정에서 발생하는 분쟁을 의미하고 집단적 권리분쟁은 체결된 단체협약의 해석에 대해 노사 간의 의견차이로 발생하는 분쟁을 의미한다. 집단적 이익분쟁은 노동조합법에서는 "노동쟁의"라 한다. 즉 노동쟁의라 함은 노동조합과 사용자 또는 사용자단체간에 임금, 근로시간, 복지, 해고 기타 대우 등 근로조건의 결정에 관한 주장의 불일치로 인하여 발생한 분쟁상태를 말한다(노조법 제2조).

집단적 노동갈등이나 분쟁 사례를 법률별로 한두 가지씩 소개하면 다음과 같다.

-노동조합법: 단체교섭 거부, 단체교섭 결렬, 복수노조의 대표노조 결정, 부당노동행위, 단체협약의 해석상 차이

-교원노조법: 교원노조와 사용자 간 단체교섭 결렬, 단체협약의 해석상 차이

-공무원노조법: 공무원노조와 사용자 간 단체교섭 결렬, 단체협약의 해석상 차이

2 노동갈등 해결과정의 특징

우리나라 노동갈등과 분쟁은 자율적으로 해결되기도 하지만 많은 경우 노동관서와 법원에서 해결되고 있는데 해결과정의 특징을 몇 가지로 요약해볼 수 있다.

1) 노동갈등의 자율적 해결

노동갈등과 분쟁이 크지 않은 경우 해결하지 않고 그냥 넘어가거나 자율적으로 할 수 있다. 이 경우 근로자나 노동조합 그리고 사용자는 노동관서나 법원에 의존할 필요가 없다. 노동갈등의 사전적, 예방적 차원에서 해결하는 자율적 해결이 조직 공동체 내에서 당사자들 간의 관계 유지와 발전에 가장 바람직한 방법이다.

2) 노동갈등의 노동법규적 해결

노동갈등과 분쟁을 자율적으로 해결하지 못하고 노동관서를 이용할 경우 개별적 근로관계법이나 노동조합법의 규제와 절차가 적용된다. 개별적 근로관계법은 근로기준법, 최저임금법, 선원법, 남녀고용평등법, 근로자파견법, 기간제법을 포함하고 있는데 개별 근로자를 채용 및 관리에서 준수해야할 법규들 분쟁이 발생할 경우 이 법들을 근거로 판단해야 한다. 마찬가지로 집단적 노동관계법은 노동조합법, 교원노조법, 공무원노조법을 포함하고 있는데 노동조합의 결성과 교섭 및 쟁의발생에 적용되는 법적 근거가 된다.

3) 노동갈등의 공적해결기구로서 노동위원회

노동갈등과 분쟁은 중앙노동위원회 및 지방노동위원회에서 공적으로 해결하는 제도가 법적으로 보장되고 있다. 특히 사건의 해결에 소요되는 비용은 정부예산으로 지원되고 있어서 근로자와 노동조합이 비용부담 없이 분쟁을 해결하는 공적기구로서 노동위원회를 활용하고 있다. 개별노동사건은 노동위원회의 심판제도를 통해 해결하는 절차가 제공된다. 집단노동사건은 단체교섭의 노동쟁의인 경우 조정제도를 통해 해결하고 복수노조관련 사건과 부당노동행위는 심판제도를 통해 해결된다.

4) 노동위원회 심판 결정에 불복 시 소송제기

노동위원회의 심판사건으로 초심과 재심을 거쳐 확정되지 못하고 불복하는 당사자는 법원에 소송을 제기할 수 있다. 이 때 서울행정법원에 행정소송이 진행되는데 불복하여 소송을 제기하는 근로자 또는 사용자가 원고가 되고 중앙노동위원회가 피고가 된다. 이후 고등법원의 항소와 대법원의 상고가 그대로 적용되어 노동위원회 2심과 법원 3심의 5심제도가 유지되어 분쟁해결기간의 장기화가 될 가능성도 배제하지 못한다. 한편 심판사건이 심판절차 내에 화해를 통해 해결되면 사건이 종결되고 시간, 비용이 절감되고 당사자 간 관계도 악화되지 않아 바람직한 결과를 가질 수 있다.

5) 노동위원회 조정 이행 후 파업권 부여

노동쟁의 발생으로 노동위원회에 조정을 신청한 경우 조정 성공이나 실패와 상관없이 해당 노동조합은 단체행동으로서 파업을 할 수 있는 합법적 권리가 부여된다. 다만 노동조합이 파업에 돌입하려면 전체 조합원의 찬반투표를 통해 과반을 획득해야 한다.

6) 지방고용노동청의 근로감독기능

지방고용노동청은 근로기준법 위반을 감독하는 근로감독관을 두어 사법경찰관리의 직무를 수행하고 있다. 근로감독관은 현장조사와 심문을 할 수 있다. 최저임금 미달, 임금체불, 법정근로시간 위반, 산업안전 위반의 사건은 근로감독관에 의해 해결되는 경우가 많고 해결되지 못하면 기소되어 법원의 판결을 받게 된다.

제2장
노동갈등의 구조 분석

1 집단적 단체교섭의 쟁점과 유형

노동갈등은 다른 갈등에 비해 노동자의 권리를 보호하기 위해 헌법과 법률에서 규제하고 있어서 상당한 제한과 제약성을 내포하고 있다. 노동자들이 자신의 권익을 보호하기 위해 노동조합을 결성하고 단체교섭을 통해 임금과 복지를 사용자와 결정하도록 노동3권이 보장하고 있다. 즉, 단결권, 단체교섭권, 단체행동권이 그것이다. 이러한 노동조합을 결성하여 단체교섭을 하는 과정에 갈등이 발생하고 교섭이 결렬되었을 때 노동쟁의가 발생하고 단체행동을 하게 되면 노사 간의 분쟁으로 비화된다.

노동조합이 사용자와 단체교섭을 하는 구조는 당사자를 노동조합과 사용자로 자동적으로 결정하게 한다. 다만 단체교섭권을 행사하는 단위 노동조합이 기업별 노동조합인지, 산업별 노동조합인지의 수준에서의 차이는 존재한다. 말하자면 단체협약을 체결할 수 있는 권리를 가진 노동조합이 어느 수준의 노동조합이냐에 따라 당사자가 결정된다. 마찬가지로 단체협약을 체결할 수 있는 권리가 사용자의 어느 수준에 있느냐가 그 당사자를 결정하게 된다. 우리나라에서는 산별 노조와 단체협약을 체결하는 사용자단체가 있다면 그 단체가 당사자가 되지만 산별 노조라도 기업별 사용자와 교섭을 한다면 개별 기업이 당사자가 된다.

당사자를 식별하는 단체교섭의 유형을 살펴보면 그림 1.2.1과 같다. 기업수준에서 기업별 노조와 사용자가 교섭하는 유형은 기업별 교섭이고 산업수준에서 산업별 또는 지역별 노동조합이 사용자단체와 교섭하는 유형은 통일교섭이다. 보다 복잡한 교섭유형은 복수의 단체 간 교섭이나 교차로 교섭하는 유형이다. 산별노조가 개별 기업과 교섭하는 대각선교섭이 있고 개별 기업들의 집단이 개별 노조들의 집단과 교섭하는 집단교섭이 있다. 마지막으로 산별 노조와 개별노조가 합동으로 개별기업과 교섭하면 공동교섭이 된다.

그림 1.2.1 단체교섭의 유형

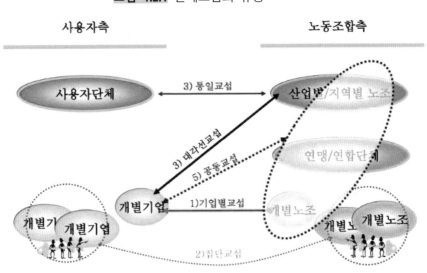

출처: 박원배·최수근(2009)

단체교섭의 쟁점에는 노동조합법에 근로조건과 관련하여 규정되어 있는 의무적 교섭사항과 노동조합이 요구하면 교섭을 할 수 있는 임의적 교섭사항이 있다. 의무적 교섭사항은 근로자의 권리로 보장되고 있고 사용자의 의무로 되어 있는 사항인 반면 임의적 교섭사항은 사용자의 의무적 교섭사항은 아니지만 근로자 요구에 따라 단체교섭을 할 수 있는 사항이다.

사용자가 의무적 교섭사항을 거부하거나 성실 교섭하지 않을 경우 부당노동행위로 간주하지만 사용자가 임의적 교섭사항의 교섭에 응하지 않는다 해도 부당노동행위가 되지 않는다. 또한 의무적 교섭사항에 대한 노사 간 합의가 이루어 지지 않을 경우 쟁의행위가 가능하지만 임의적 교섭사항에 대한 노사 간 합의가 이루어 지지 않았다는 이유로 쟁의행위를 할 수 없다.

의무적 교섭사항(규범적 부분)은 임금, 근로시간, 휴일·휴가, 재해보상, 안전보건 등 근로조건의 결정에 관한 사항과 해고사유 및 해고의 절차에 관한 부분[5])을 포함하고 있다.[6]) 임의적 교섭사항(채무적 부분)은 노동조합 활동에 관한 사항, 조합비 공제 및 근로시간면제자에 관한 사항 등 주로 집단적 노사관계에 관한 사항을 포함하고 있다. 한편 교섭 금지사항은 고용세습(우선·특별채용조항), 유일교섭단체, 일반적 구속력의 적용배제, 구속자의 석방, 퇴직금 제도의 폐지, 특정 종교의 강제, 근로시간면제한도 초과지급을 포함한다.

단체교섭 대상으로서 인사와 경영에 관한 사항은 유의할 점이 있다. 인사·경영권은 헌법상 보장된 재산권의 관리 또는 행사를 위하여 사용자의 권한으로 인정되고 있어 '경영상 의사결정 자체'나 '인사결정권 자체'는 원칙적으로 의무적 교섭사항이 아니다. 다만, 인사·경영권에 속하는 사항이라 하더라도 근로조건과 밀접한 관련이 있는 부분으로서 사용자의 인사·경영권의 본질적 사항을 침해하는 것이 아닌 한 그 한도 내에서 단체교섭 대상이 될 수 있다.[7]) 따라서 인사권과 경영권은 임의적 교섭사항에 포함될 수 있다.

2 개별적 노사갈등의 쟁점과 구조

개별적 노사갈등은 앞에서 그 법적 근거를 설명하였듯이 근로기준법, 최저임금법, 남녀고용평등법, 근로자파견법, 기간제법 등 법적으로 보장되어 있는 근로자 개인의 권리가 침해되었느냐를 다투는 갈등을 말한다. 그래서 개별적 노사갈등의 당사자는 권리 침해를 주장하는 근로자 개인과 사업주에 해당하는 사용자이다. 노사 간의 의무적 해결사항은 법적으로 권리가 보장되어 있는 다음의 사항들이다.

-근로기준법: 부당해고, 채용, 징계, 인사발령, 시간외근로, 임금체불, 직장 내 괴롭힘

-최저임금법: 최저임금 위반

-남녀고용평등법: 남녀고용차별

-근로자파견법: 차별적 처우

-기간제법: 단시간근로자의 통상근로자 전환, 갱신기대, 계약만료

그림 1.2.2는 개별적 노사갈등의 당사자와 쟁점별 처리 구조를 보여주고 있다. 유형별 갈등 쟁점을 정리하면 다음과 같다.

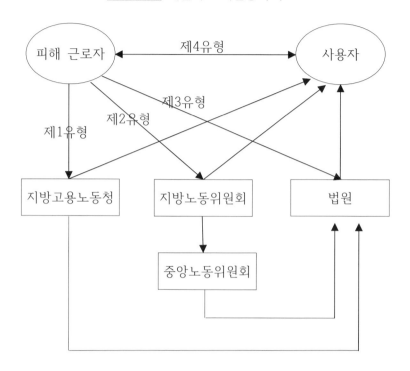

그림 1.2.2 개별적 노사갈등의 구조

제1유형 갈등 쟁점: 최저임금, 임금체불, 직장 내 괴롭힘

제2유형 갈등 쟁점: 부당해고, 채용, 징계, 인사발령, 시간외근로, 남녀고용차별, 차별적 처우, 통상근로자 전환, 갱신기대, 계약만료

제3유형 갈등 쟁점: 제1유형과 제2유형의 갈등 쟁점을 포함한 모든 개별 노사갈등의 쟁점은 법원의 소송으로 처리 가능

제4유형 갈등 쟁점: 제1유형과 제2유형의 갈등 쟁점을 포함한 모든 개별 노사갈등의 쟁점은 당사자들의 자율적 해결로 처리 가능

제1유형의 쟁점이 지방고용노동청에서 해결되지 않으면 검찰의 기소에 의해 법원으로 갈 수가 있다. 제2유형의 쟁점은 지방노동위원회의 초

심판정을 거쳐 불복할 경우 중앙노동위원회의 재심판정을 받게 되고 이에 불복하면 서울행정법원에 소송을 제기할 수 있다.

3 노동갈등의 원인과 결과

노동갈등의 요인은 다른 조직이나 비즈니스 갈등에 비해 비교적 명확하고 규범적이라 할 수 있다. 이는 노동갈등이 집단적이든 개별적이든 법률적 근거에 따라 발생하고 해석하기 때문이다. 집단적 노사갈등은 1차적으로 단체교섭 쟁점에 대한 노사 간 의견 차이 때문에 발생하고 단체교섭이 결렬되어 쟁의가 발생하고 쟁의행위에 돌입하면 단체행동으로 인한 갈등이 심화되어 나타난다. 따라서 집단적 노사갈등의 원인은 단결권, 단체교섭과 단체행동의 노동3권에 의해 원초적이고 규범적으로 발생하게 된다.

개별적 노사갈등도 집단적 노사갈등과 마찬가지로 노동법적 차원에서 그 원인이 발생한다. 근로기준법, 최저임금법, 남녀고용평등법, 근로자파견법, 기간제법 등 법적으로 보장되어 있는 근로자 개인의 권리가 침해되었다는 피해근로자의 진정이나 구제신청으로 갈등이 발생하게 된다. 개별적 노사갈등은 사용자가 개별 노동관계법을 위반했다는 근로자의 주장에 의해 발생하지만 그 위반 여부는 노동위원회나 고용노동청에 의해 판정이 나므로 사용자의 법률 위반이 원인이라고 단정 지을 수 없다. 갈등은 진위 여부와 상관없이 한 당사자가 피해를 주장하기 때문에 발생하게 된다.

노동갈등이 어떤 원인으로 발생하였던 갈등 당사자에게 결과가 나타나

며 조직 및 조직구성원, 그리고 외부환경에 상당한 영향을 미친다. 집단
적 노사갈등이 원만하게 해결되면 근로조건이 결정되고 노사 당사자들
간의 관계도 안정된다. 이는 근로자 삶이 안정되고 사용자의 회사 경영
또한 안정적으로 발전할 수 있다. 뿐만 아니라 그 회사와 산업연관을 가지
는 기업과 경제, 특히 지역상권에 긍정적인 영향을 미친다.

반면 집단적 노사갈등이 해결되지 못하고 장기화되면 그 반대 현상이
나타난다. 노사갈등이 해결되지 못하고 지속되면 근로조건이 불안정하고
노사 간 관계도 적대적이며 불안정하다. 그 결과 근로자 삶도 불안정하고
회사경영이 매우 어려움에 봉착할 수 있다. 또한 그 회사와 비즈니스관계
에 있는 기업들이 어려움을 겪게 되고, 특히 지역상권이 크고 작은 영향을
받게 된다.

개별 노사갈등의 결과와 영향은 집단 노사갈등의 그것에 비해 작을 것
으로 보인다. 노사갈등이 해결되면 당사자 간의 관계가 안정되고 발전할
수 있으며 당사자들이 심리적으로도 안정될 것이다. 또한 당사자들이 소
속하고 있는 부서와 조직의 구성원들에게 긍정적인 영향을 주고 회사의
인사관리와 경영관리도 잘 유지될 수 있다.

반면 개별적 노사갈등이 해결되지 못하면 당사자들과 조직에게 악영향
을 미친다. 예를 들어 피해 근로자가 구제 신청한 사건이 노동위원회에서
해결되지 못하고 소송으로 가면 해당 근로자는 근무가 어려워지고 시간
적, 정신적 손실이 상당할 수 있다. 사용자도 사건 해결을 위해 들여야
할 업무 외적인 노력과 시간 그리고 비용을 감당해야 할 것이다. 당연히
피해근로자와 사용자 관계는 최악이 될 것이고 업무에 복귀한다 해도 회
사와 조직구성원과는 좋은 관계를 만들기 어렵다. 그래서 사건이 최종
해결된 후에 피해근로자가 퇴사하는 경우가 많다.

이렇게 노동갈등이 조기에 잘 해결되면 재정적으로나 관계적으로나 그

리고 심리적으로 안정되고 별 영향을 미치지 않겠지만 해결되지 않고 장기화하고 법적 다툼으로 가게 되면 당사자들에게는 물론 조직과 조직구성원들에게도 엄청난 악영향을 미칠 수 있음을 알아야 한다. 갈등이 장기화되고 분쟁으로 비화되기 전에 조기에 해결을 할 수 있도록 노력하는 것이 중요하고 더 나아가 갈등이 발생하지 않도록 예방하는 노력이 필요하다.

제3장
노동갈등의 해결방법과 스킬

1 3가지 접근방법

노동갈등을 해결하는 접근방법은 3가지가 있다. 즉, 힘(power)에 의한 해결, 권리(rights)에 의한 해결, 그리고 이해관계(interests)에 의한 해결이 그것이다. 노동갈등에서 힘에 의한 해결은 다양하지만 직책이나 채용할 수 있는 권력이 될 수도 있고 노동조합의 경우에는 파업과 같은 단체행동도 해당될 수 있다. 권리에 의한 해결은 갈등이 발생했을 때 누구에게 합법적 권리가 있는지 판정해주는 방법으로 사법적 판단을 하는 법원의 판결이 그 대표적인 형태이다. 특히 노동관계법으로서 근로기준법, 최저임금법, 남녀고용평등법, 근로자파견법, 기간제법, 노동조합법 등의 법에 의한 법적 판단이 전형적인 권리에 의한 해결이다. 이해관계에 의한 해결은 당사자들이 이해관계를 충족시켜 합의로 해결하는 방법을 말한다. 대표적으로 단체교섭은 법적으로 보장된 이해관계에 의한 해결이다. 개인적 노동갈등도 노사 당사자들이 자율적으로 해결한다면 이해관계에 의한 해결이 된다.

갈등을 해결하는 방법의 순서를 보면 그림 1.3.1과 같이 힘에 의한 해결에서 권리에 의한 해결, 합의에 의한 해결로 내려올수록 고통이 줄어든다. 반대로 합의에 의한 해결, 권리에 의한 해결, 힘에 의한 해결의 순서로 갈등을 해결하려고 하는 것이 효과적인 방법으로 평가된다. 말하자면 갈등이 발생했을 때 힘이나 법을 먼저 적용해서 해결하기보다 서로 합의에 의해 해결을 시도해보고 안될 경우 법과 힘에 의한 해결을 하는 것이 효과적이라는 의미이다.

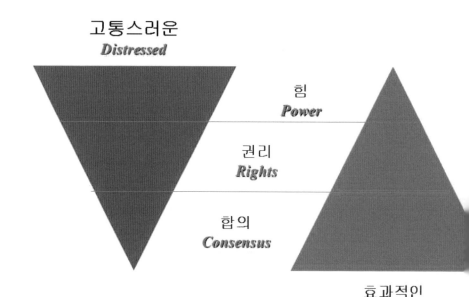

그림 1.3.1 갈등해결의 3가지 접근방법
출처: Lewicki, Barry and Sauders(2015), p.11

2 자율적 해결방법: 협상

노동갈등을 해결하는 방법은 크게 나누어 당사자 자율적 방법과 제3자 해결 방법의 두 가지로 분류할 수 있다. 당사자 자율적 방법은 당사자들이 자율적으로 갈등을 해결하는 협상이고 제3자 해결 방법은 중립적인 제3자가 개입해서 해결하는 조정과 중재가 해당한다. 먼저 협상에 의한 노동갈등의 해결을 살펴본다.

갈등에서 협상이란 갈등의 당사자들이 현재 또는 잠정적으로 의견 차이를 보이는 쟁점에 대해 합의에 이르고자 시도하는 과정을 말한다.8) 그래서 개별적 노동갈등은 근로자와 사용자가 고용, 급여, 근무환경, 복지, 인사 등의 쟁점에 대해 서로 의견의 차이가 발생한 경우를 말하며 당사자들이 합의에 이르기 위해 대화하고 협의하는 과정이 개별적 노동갈등의 협상이다. 그런데 개별적 노동관계법이 엄격히 규제하는 우리나라 상황에서 사용자가 법률위반이라고 근로자가 권리구제를 신청하는 경우가 많이 발생하여 이해관계에 의한 해결보다 권리에 의한 해결이 다수를 차지하고 있다.

집단적 노동갈등은 노동조합법에 의해 법적으로 보장된 노사 간 단체교섭에서 발생한다. 노사가 자율적으로 원만하게 합의를 할 경우 임금인상이나 단체협약 쟁점을 해결하지만 결렬되면 노동조합은 쟁의행위를 할 수 있고 이에 대응하여 사용자는 직장폐쇄를 할 수 있다. 개별적 노동갈등에 반해 집단적 노동갈등이 자율적 해결이 되지 않을 경우 힘에 의한 해결에 의존하게 되는 특징이 있다.

개별 노동갈등의 협상이나 집단 노동갈등의 단체교섭에서 핵심적으로 수행해야 할 요소들을 보면 다음과 같다.9) 먼저 협상의 쟁점에 대한 목표와 최저양보선을 결정한다. 당사자들이 의견차이가 난 쟁점을 분명하게 확인하고 자신이 달성하고 싶은 목표와 더 이상 양보할 수 없는 최저양보선을 미리 결정해두어야 한다.

둘째, 자신과 상대방의 이해관계가 무엇인지 파악한다. 어떤 것이 꼭 달성되어야 할지, 무엇을 원하고 있는지 등 마음속에 원하는 욕구를 알아

내는 것이 필요하다. 자신의 이해관계는 쉽게 알 수 있으나 상대방의 이해관계는 알기 어렵기 때문에 협상과정에서 식별해 내어야 한다.

셋째, 이해관계를 충족할 만한 어떤 옵션들을 찾아내어야 한다. 서로 다른 이해관계를 충족시키기 위한 다양한 옵션들을 만들어 내어 합의가 가능한 옵션들을 선택할 수 있어야 한다.

넷째, 협상이 결렬되었을 때 자신이 취할 수 있는 대안을 고려해야 한다. 결렬시 취할 수 있는 대안이 강할수록 협상력이 커지고 합의안이 대안보다 나은지를 평가해보아야 한다.

다섯째, 협상을 하면서 커뮤니케이션을 잘 유지하는 것이 중요하다. 상대방과의 대화가 없이 법적으로 대응을 한다거나 진실을 왜곡한다거나 하는 경우 신뢰가 생기지 않고 적대적으로 변하며 협상이 어려워진다.

여섯째, 상대방과의 관계를 고려해야 한다. 개별적 노동갈등 협상은 근로자와 사용자와의 관계 속에 나타나고 집단적 단체교섭은 노동조합과 사용자 간의 관계 속에서 진행된다. 특히 직장에서 개인적 또는 집단적 노동갈등에서 당사자 간 관계는 매우 중요하다. 생산활동에서 공동의 목표를 향해 당사자 관계가 지속되므로 협상에서 관계가 훼손되지 않도록 주의해야 한다.

3 제3자 해결방법: 조정과 중재

협상이 결렬되었을 때 또는 자율적으로 협상을 하기 어려울 때 중립적인 제3자의 도움을 받는 해결방법을 활용할 수 있다. 소위 ADR(대안적 분쟁해결)의 주요 방법으로 조정(mediation)과 중재(arbitration)을 들

수 있다.

1) 조정

조정은 중립적인 제3자가 분쟁당사자들로 하여금 상호 수용 가능한 해결에 이르도록 도와주는 과정이다.[10) 조정의 기본원리를 보면 중립성, 자기결정, 정보에 기초한 합의, 비밀유지의 4가지가 제시된다.[11) 중립성은 조정인이 제3자로서 공평하거나 중립적이어야 한다는 것이다. 자기결정은 당사자들이 합의 요소들을 자발적으로 결정하는 것으로 조정인이 중간에서 합의도출을 위한 노력을 하지만 어디까지나 합의를 결정하는 것은 당사자들 자신이다. 정보에 기초한 합의는 당사자들의 결정이 적절한 정보위에 이루어져야 하는 점이다. 당사자들이 의미 있는 선택을 하려면 적절한 정보가 제공되어야 한다. 조정은 사적이고 비공개로 이루어져서 당사자들의 비밀이 유지되고 있다. 의뢰인의 비밀을 유지하지 않는다면 마음 속에 있는 사적인 정보를 조정인에게 말하기 어렵고 합의가능한 옵션을 만들기도 어렵다. 조정과정에서 나온 비밀은 반드시 공개하지 않을 의무를 조정인에게 부과하고 있다.

조정의 대표적인 두 가지 유형은 촉진식 조정과 평가식 조정이다.[12) 촉진식 조정은 조정인이 협력적 협상의 틀을 유지하려고 노력하며 원원의 협상결과를 모색하기 위해 이해관계 식별과 대안의 개발 및 평가에 의한 합의안 도출을 실행하는 방식이다. 이에 반해 평가식 조정은 조정인이 당사자의 주장을 듣고 평가하여 약점을 부각시키고 양보를 권장하여 합의를 도출하는 방식이다.

우리나라 노동위원회에서 노동쟁의의 조정은 집단적 노동분쟁에 적용되는 조정이고 개별적 노동분쟁에 적용되는 조정은 '화해'라는 이름으로

운영되고 있다. 화해는 부당해고나 부동노동행위의 구제신청이 노동위원회에 접수되면 심판절차가 개시되는데 당사자의 자율적 합의를 도출하기 위한 제도로서 화해를 활용하고 있다. 화해는 그림 1.3.2에서 보듯이 화해 가능성이 높은 사건은 화해를 주선하여 당사자 간 합의로 단독심판회의에서 화해조서를 작성하여 사건을 종결시키는 제도이다.

그림 1.3.2 노동심판사건의 화해절차

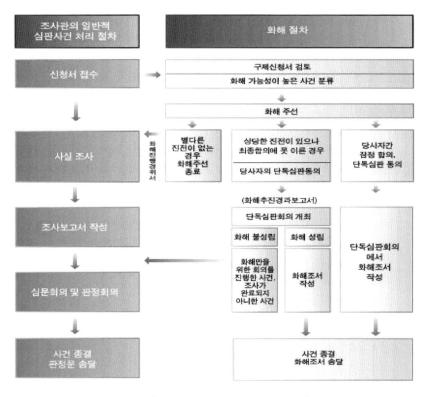

출처: 제주특별자치도노동위원회, "알기 쉬운 노동위원회 화해제도."

2) 중재

중재는 ADR의 한 유형으로서 ADR 중 소송에 가장 가까운 형태이다. 그럼에도 불구하고 엄격한 소송절차와는 달리 당사자 계약에 기초한 특성을 지니고 있어서 소송보다 중재를 선호할 수도 있다. 한편 중재는 협상이나 조정과도 큰 차이를 보이는 제3자 결정이라는 특성을 가지고 있기 때문에 중재를 적용할지를 합의할 때 중재의 적절성을 잘 판단해야 한다.13)

중재의 진행절차는 그림 1.3.3에서 보는 바와 같이 당사자들이 사전에 중재를 하기로 합의할 경우에만 강제 중재가 시작된다는 점에서 재판과는 다르다.

그림 1.3.3 중재의 진행과정

당사자 중재합의 → 사건의 발생 → 중재의 개시 → 중재인 재정의 효력 발생

당사자의 중재합의에 따라 이후 사건이 발생하면 중재를 개시하여 중재인이 재정을 결정하고 그 효력이 발생하는 순서로 진행된다. 어떤 경우에는 사전에 중재합의가 없다 해도 사건이 발생한 후 당사자 간에 중재로 사건을 해결하기로 합의한다면 위 그림 1.3.3에서 처음 두 개의 박스가 서로 반대가 되는 진행과정으로 변경된다. 그래서 그림과 같이 진행되면 사전분쟁 중재합의 방식이 되고 그 반대의 경우는 사후분쟁 중재합의 방식이 된다.14)

사적중재의 절차는 그림 1.3.4과 같이 중재의 개시부터 규칙의 협상, 중재인 선정, 시간과 장소의 선정, 중재의 준비 등 준비단계가 있고 사전 중재 동의, 중재 심리, 중재인 재정의 중재단계가 있다. 중재인 재정은

거의 항소를 할 수 없다. 다만 중재합의가 강제될 수 없거나, 중재합의 후에 진행되지 않을 경우, 부정행위가 개입되었을 경우, 중재인의 권한을 남용했을 경우 등 특별한 경우에만 법원에 항소할 수 있다.

그림 1.3.4 사적중재 절차

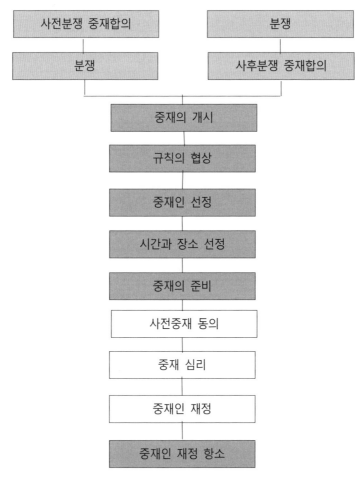

출처: Frey(2003), p.229

우리나라에서 노동쟁의가 발생했을 때 조정 대신 중재를 신청할 수 있다. 중재는 노사 쌍방의 합의로 신청할 수 있고 단체협약에 따라 일방이 신청할 수도 있다. 그림 1.3.4에서 보듯이 노동쟁의가 중재로 신청되면 노동쟁의가 중재에 회부된 때에는 그 날부터 15일간은 쟁의행위를 할 수 없고 노동위원회는 공인위원 중에서 당사자들이 선정하는 중재인 3인으로 구성되는 중재위원회를 설치한다. 관계 당사자는 중재위원회에서 주장의 의견을 진술하거나 노동위원회의 사용자위원이나 근로자위원 중에서 지명하여 중재위원회의 동의를 얻어 그 회의에 출석하여 의견을 진술할 수 있다.15)

중재의 재정은 서면으로 작성하고 효력발생 기일을 명시하여야 한다. 관계 당사자는 지방노동위원회 또는 특별노동위원회의 중재재정이 위법이거나 월권에 의한 것이라고 인정하는 경우에는 그 중재재정서의 송달을 받은 날부터 10일 이내에 중앙노동위원회에 그 재심을 신청할 수 있다. 관계 당사자는 또한 중앙노동위원회의 중재재정이나 재심결정이 위법이거나 월권에 의한 것이라고 인정하는 경우에는 그 중재재정서 또는 재심결정서의 송달을 받은 날부터 15일 이내에 행정소송을 제기할 수 있다. 노동위원회에서 중재는 행정심판이기 때문에 위법이나 월권에 해당한다고 인정하는 경우에는 행정소송을 제기하게 된다.

그림 1.3.5 노동쟁의 중재절차

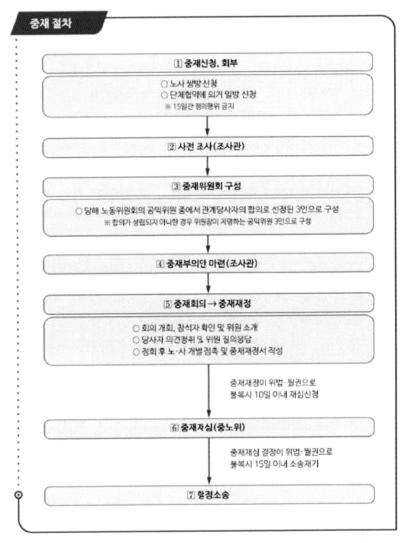

출처: LaPl(2023), "노동쟁의의 중재: 개시요건, 중재위원회 구성, 불복, 효력,"
知&노무컨설팅.

제4장
노동갈등해결 사례연구 목적과 방법

1 사례연구의 배경과 목적

　노동갈등이 어떻게 발생하고 진행되어 어떤 결과로 귀착되는지에 대해 이론적, 법적, 제도적으로 설명함으로써 노동갈등의 해결을 어느 정도 이해할 수 있다. 보다 더 구체적이고 실질적으로 현장감 있게 노동갈등을 이해하기 위해서는 실제로 발생한 경험을 추출하고 정리하여 사례로 만드는 작업이 필요하다. 기계적인 조립은 어떤 매뉴얼이 주어지면 쉽게 조립할 수 있지만 인간관계를 다루는 영역은 다양한 변수가 발생하고 일정하지 않아서 실제 현장의 경험에서 많은 것을 배울 수 있다. 사례마다 동일한 스토리가 존재하지 않고 다양하게 변화되는 양상을 보게 되는데 일정한 패턴을 관찰하여 유사한 상황에 적용, 활용할 수 있다면 도움이 될 수 있을 것이다.

　이러한 취지에서 노동갈등 관리의 사례를 연구하는 목적은 생산활동의 일환으로 작업장에서 일하는 노동자 또는 노동조합이 사용자와 개별적으로 또는 집단적으로 발생한 갈등이 어떻게 진행되고 해결되고 관리되었는지를 경험적으로 기술하고 분석하는 현장 사례를 독자들에게 제공함으로써 합리적이고 생산적인 노동갈등 관리의 교훈을 얻는 것이다.

2 사례연구의 방법

노동갈등은 주체의 규모에 따라 대별하여 집단적 노동갈등과 개별적 노동갈등으로 구분할 수 있다. 집단적 노동갈등은 노동조합과 사용자가 집단으로서 갈등구조를 만들어내는 것을 말하고 개별적 노동갈등은 노동자 개인이 고용주와 갈등관계에 있는 것을 말한다. 그래서 사례연구도 집단적 노동갈등과 개별적 노동갈등을 구분하여 작성하고자 하였다.

각각 사례가 내용과 구조가 다양함에도 불구하고 상호 비교분석의 활용성에 부합하도록 일정한 공동의 목차를 만들어 형식을 통일하려고 노력하였다. 모든 사례가 똑 같지는 않지만 다음의 목차에 따라 서술하였다.

1. 갈등의 배경
2. 갈등의 당사자와 쟁점
3. 갈등해결 및 협상 과정
4. 갈등협상 결과 및 합의
5. 갈등협상의 특징과 교훈

이러한 공동의 목차에 따라 각 사례를 소개한 다음 서로 비교분석을 하려고 한다. 사례별로 공통점과 차이점을 식별해내고 거기서 발견되는 특이사항을 기술할 것이다. 또한 각 사례에서 도출한 자체 시사점과 교훈을 종합하여 어떤 보편적인 지식이나 특수한 지식을 식별하여 제공하려고 한다. 이렇게 비교평가 및 분석으로부터 이론에 부합하든 이론에 부합하지 않든 도출된 지식들은 중요한 현장에서 나온 암묵지로서 중요한 기여를 할 것으로 사료된다.

제2부

노동갈등해결의 사례

[집단 노동갈등]

사례 1. 분단위 유연근무제 도입과 윈윈협상 사례

사례 2. 공공부문 비정규직의 정규직 전환 사례

사례 3. 서비스업 노사임금교섭 사례

사례 4. 단시간근로자의 수당 복지 차별 갈등해결 사례

[개별 노동갈등]

사례 5. 채용관련 성차별갈등 협상 사례

사례 6. 육아휴직 관련 노사갈등해결 사례

사례 7. 징계와 부당해고 갈등해결 사례

사례 8. 직장 내 괴롭힘 해결 사례

사례 9. 인사고과와 퇴직 갈등해결 사례

사례 10. 산업재해 보상 갈등해결 사례

사례 1

분단위 유연근무제 도입과 윈윈협상 사례

1 갈등의 배경

A 기관소속 B 교수는 각종 토론회 및 포럼에 참석하여 현 정부의 노동정책에 대해 비판적 견해를 갖고 지속적으로 노동정책을 비판하였다. 각종 토론회에서의 지속적인 노동정책에 대한 비판은 노동조합이 정부정책을 반대하는 이론적 근거로 작용하였으며 실제 대정부 교섭에서도 B 교수의 주장을 언급하며 노동조합의 요구를 관철하려는 움직임으로 이어지기에 이르렀다.

이러한 사실은 A 기관의 상급기관인 C부처에 보고되었으며 상급기관의 정책집행을 위해 설립된 산하기관에서 정부정책을 비판하며 오히려 정책집행을 어렵게 하는 행위를 용납할 수 없다는 판단 하에 A 기관장에게 B 교수의 징계를 포함한 적절한 조치를 취할 것을 요구하였다. 상급기관에서는 정부의 예산지원을 받는 산하기관에서 공개적인 정부정책 비판은 있을 수 없다고 판단했으나 표현의 자유가 보장되는 우리나라에서 이를 이유로 징계하기에는 부담스러운 점을 감안, 개인복무관리 및 외부출강시 공무원행동강령준수 여부 등을 문제 삼아 B 교수를 중징계할 것을 요구하였다.

이러한 상급기관의 전방위적인 압박은 A 기관의 존폐를 걱정할 만큼 큰 압박으로 다가왔으며 B 교수가 속한 D 노동조합도 B교수의 견해에 대한 지지여부를 결정하지 못하고 있었다.

2 갈등의 당사자와 쟁점

1) A 기관

A 기관은 노사를 대상으로 노사관계교육을 전문으로 실시하는 공공기관으로서 노사 어느 곳에도 치우치지 않는 중립적인 교육을 실시해야할 의무가 있으면서 정부의 노동정책을 교육을 통해 실현해야 하는 기관이다. 본 사안과 관련하여 B 교수의 입장과 상급기관의 요구사이에서 해결책을 찾아야만 하는 어려운 위치에 있다. 특히, 노동교육이라는 교육내용의 특성상 정권의 노동정책방향에 따라 교육내용의 방향성이 좌지우지되는 특성이 있다.

2) B 교수

B 교수는 학자로서 학문의 자유를 누릴 권한이 있음을 주장하고 있다. 소속기관이 비록 정부의 예산지원을 받는 정부산하기관이지만 학자개인의 양심과 소신에 반한 노동정책을 지지할 수는 없다는 입장을 견지하였다. 특히, 노사합의 없는 성과연봉제 도입, 교원 및 공무원노조에 대한 '노조설립신고반려' 및 '법외노조통보', 단체협약 시정명령 등 노사자치

주의에 반하는 정부주도의 일방적인 노사관계는 노사갈등만 유발한다는 입장을 견지하고 있었다.

B 교수는 상급단체의 압력을 이유로 본인의 소신을 굽힐 생각이 없으며 학자로서의 양심과 소신이 그 무엇보다도 중요하다는 입장이다.

3) C 상급기관

C 상급기관은 A 기관에 대한 관리·감독을 해야 할 의무가 있으며 정부의 노동정책을 실현해야할 의무와 책임이 있으므로 조직, 예산을 활용하여 A 기관에 대한 지속적인 시정조치를 요구하고 있다. 특히, B교수의 주장이 대정부교섭에 있어서의 이론적 근거로 사용되는 것을 용납할 수 없으며 해당 직원에 대한 징계와 직원 복무관리에 대한 시스템 개선을 B기관에 요구하고 있다.

4) D 노동조합

교수 B가 속한 D 노동조합은 본 사안과 관련하여 소속 조합원인 B 교수의 행위로 인한 기관의 어려움과 조합원으로서의 B의 입장을 고려한 접점을 만들어야 하는 위치에 있다.

따라서 본 사안과 관련하여 갈등의 당사자는 A 기관, B 교수, C 상급기관, D 노동조합 등 총 3개 기관과 개인이며 주요 쟁점은 표 2.1.1과 같다.

표 2.1.1 갈등의 당사자와 쟁점

쟁점	A 기관	B 교수	C 상급기관	D 노동조합
정부 노동정책 비판	정부정책 협조 의무	노사관계의 본질을 침해하는 부분은 학자로서 소신과 양심에 따라 정부정책 비판가능	재정지원 받는 공공기관 임직원으로서의 품위유지 위반	원칙적으로 B 교수의 입장 지지
개인복무	출퇴근을 맘대로 하라고 한 것이 아님	교수의 근로시간은 유연하게 적용하는 것이 일반적	개인복무 관련 감사요구 (비공식)	유연근무제 확대
전문역량	교수 B의 전문역량은 인정하나 중립적이지 않고 한쪽에 치우침	우리나라 최고의 노사관계 전문가 중 한명	전문성보다는 정부정책 실현이 우선. 어떤 경우에도 정부정책 비판은 불허	뛰어난 전문가 보유는 기관 위상에 도움
업무지적	업무태도 관련 상급자 지시에 불응하는 경향	상급자로부터 업무 관련 별다른 지적이 없었음	교수도 조직 구성원으로서 상급자의 정당한 업무지시에 복종의무 존재. 업무태도 관련 감사요구	교수개인의 자율성 보장필요
징계	감사를 통한 징계	징계는 부당	감사를 통한 징계	대화 및 협상을 통한 해결

3 갈등해결 및 협상 과정

1) 교수 B에 대한 감사 실시 및 노동조합 탈퇴

교수 B에 대한 감사가 시작되었으며 정부정책에 비판하는 토론회 참석 시 복무처리가 일부 누락되고 외부강의 출강 시 강의료 중 일부의 신고가 누락된 사실이 발견되었으며 업무태도 관련하여 상관인 교수실장의 업무지시 거부가 있었던 점 등을 사유로 감사실에서 B 교수에 대한 징계를 의결하였다.

한편 B 교수는 본인이 소속된 D 노동조합에 보다 적극적인 개입을 요구하며 조합원의 편에서 본 사안을 해결할 것을 요구하였다. 보다 구체적으로는 '노조 집행부의 상급기관 항의방문' 및 대자보를 통한 부당한 징계의 위법성을 알리고 매일노동뉴스 등 각종 매체에 노조의 성명서를 게시할 것을 요구하였다.

D 노동조합은 B 교수의 입장을 이해하지만 상급기관의 인력 및 예산삭감의 압박이 심해지는 상황에서 총 연맹차원에서 대응해야 할 사항을 조합원 100명 내외의 소수노조로서는 대응에 한계가 있다며 적극적인 개입은 하지 않고 오히려 기관의 입장을 이해한다는 태도를 취했다. 이에 따라 B 교수는 전 직원에게 메일을 보내 상급기관의 부당한 개입에 관해 알리며 자신의 입장에 서지 않는 노동조합을 탈퇴하겠다고 선언하였다.

2) 복무관리에 관한 노사협상 개시 (경쟁적 협상)

교수 B에 대한 감사와 별개로 복무관리에 관한 노사 간 협상이 시작되었고 사측에서는 교수 B의 사례를 근거로 현재 수기로 관리하는 복무관리 시스템을 ERP 기반의 지문도입 시스템을 요구하였고 노조는 조합원 개인 정보 유출을 이유로 지문도입은 어렵다는 입장을 견지하였다.

실질적으로는 교수 B의 노동정책 비판에 대응한 기관경고 차원의 징계였으나 표면상으로는 교수 B의 복무관리 위반에 따른 징계였으므로 복무관리 시스템의 개선은 불가피했다. 초기의 노사협상은 관계를 중시하면서도 원하는 결과를 얻으려는 '윈윈(win-win)' 협상 또는 협력적 협상이 아닌 서로의 입장만을 관철하려는 '승패(win-lose)' 협상 또는 경쟁적 협상으로 진행되면서 오히려 협상당사자 어느 쪽도 그들의 욕구나 소망을 달성하지 못하는 '패패(lose-lose)' 협상으로 귀결되어가고 있었다.

표 2.1.2 노사협상 관련 노사의 초기입장(경쟁적 협상)

구분	사용자(기관 A)	노동조합(D노조)
최저선	복무관리 시스템 개선	기관 불이익 방지, 유연근무제 도입
목표	상급기관 요구 수용	조합원 이익 우선
강점과 약점	상급단체 압박(약점) 시간부족 (약점)	시간적 여유(강점) 소수노조의 한계(약점)
초기입장	상급단체 제시 기한 내 교섭마무리	시간을 정해놓고 하는 교섭거부
정보교환	징계관련 정보 미공개	최저선 미공개
교섭전략	양보패턴 변화	초기입장 고수
교섭기법	결렬 위협	시간 끌기

3) 협력적 협상으로의 전환

표 2.1.3 협력적 협상으로의 전환(협력적 협상)

구분	사용자(기관 A)	노동조합(D 노조)
목표	복무관리 시스템 개선, 지문도입	기관 불이익 방지, 분단위 유연근무제 도입
관계	장기적으로 노조와의 우호적 관계유지	기관과의 우호적 관계유지
쟁점	수기 관리로 인한 복무관리의 불투명성(시간외, 조퇴 등) 개선	지문 도입으로 인한 개인정보 유출 등 조합원 거부감, 시스템 개선으로 인한 근태관리의 유연성 상실
욕구와 이해관계	사태 장기화로 인한 경영평가에의 부정적 영향, 조직 및 인력, 예산삭감 불이익 방지	조직, 인력, 예산삭감등 기관불이익은 조합에도 부담, 지문도입을 위한 조합원 설득을 위해 유연근무제 확대 필요
옵션개발	다양한 형태의 유연근무제 검토 가능	지문도입을 위한 분단위 유연근무제 도입
평가기준	관리자의 관리가능성 직원만족도	직원만족도 일·가정 양립에의 기여
BATNA	노사합의 없는 일방적 제도 시행	추후 교섭 및 노사협의회시 재논의
유연성	노조가 경쟁을 고수하면 주짓수 협상으로 대응	기관이 경쟁을 고수하면 시간끌기로 대응

교수 B에 대한 감사와 노사교섭이 동시에 이루어지는 가운데 다양한 이해당사자가 얽혀있어 노사교섭은 서로의 입장을 주장하는 경쟁적 협상으로 진행되었다. 그러나 상급기관의 지속적인 요구와 교수 B의 지속적인

토론회 참석은 기관 A로 하여금 빠른 문제해결을 요구받게 되고 이 사안이 사회적 이슈가 되려는 움직임으로 대두되자 기관 A는 기존의 강경한 입장에서 벗어나 노조와의 상생을 모색하는 협력적 협상으로 전환하였다.

D 노동조합 역시 장기적으로 볼 때 기관 A와의 관계는 중요하며 무엇보다 본 사안에 소극적으로 대응할 경우 기관이 받는 불이익은 결국 조합원에게도 불이익으로 다가올 수밖에 없음을 인지하게 되었다. 이에 따라 노동조합은 상대방과의 관계를 중시하면서도 원하는 결과를 얻어내기 위해 윈윈협상으로 전환하였으며 약간의 손해를 보더라도 타협으로 결론내기로 하였다.

4 갈등협상 결과 및 합의

1) 1차 협상: 합의실패, 대안마련 노력

기관 A와 노조 D는 경쟁적 협상에서 상대방의 욕구나 이해관계를 파악하고 옵션을 개발하려는 노력보다는 자신의 주장만을 고수함으로써 합의에 실패하게 된다. 교섭과정에서 노조 D는 시간에 쫓기는 기관 A의 상황을 파악하고 적극적인 교섭에 임하지 않았으며 상급단체의 압박을 받고 있는 기관 A는 상급단체가 정해놓은 시간 내에 협상을 마무리 하고자 노조의 협조여부에 따라 기관의 양보패턴을 바꿀 수 있다는 점을 강조하면서 노조를 설득하고자 하였으나 협상이 지지부진하자 '교섭결렬'시 노조의 동의 없이 복무규정 개정 등 일방적인 취업규칙을 변경을 할 수도 있음을 강조하였다.

표 2.1.4 1차 협상 주요내용

구분	기관 A	노조 D
관계	초기: 우호적 후기: 경쟁적	초기: 비우호적 후기: 일부 존중
전략	교섭결렬 및 압박	시간 끌기
감정	다급함	느긋함
쟁점	1. 유연근무제 형태(단위기간 설정 또는 자율 출퇴근) 2. 지문도입 거부하는 직원에 대한 대안 마련 3. 업무상 불가피한 조퇴 등 발생 시 대안 마련	

노사협상이 결렬된 이유는 크게 보면 세 가지인데 무엇보다 유연근무제 형태를 어떻게 설정할지에 관한 노사 간 이견이 가장 큰 원인이었다. 기관 A는 '월단위'로 유연근무 시간을 설정함으로써 관리자로 하여금 직원들의 출퇴근 시간에 관한 예측가능성을 높여 복무관리의 원활함을 도모하고자 하였으나 노동조합에서는 단위기간을 설정하지 않는 '자율출퇴근제' 또는 '분단위 유연근무제'를 도입하고 정해진 시간 내에 자유롭게 출퇴근 할 수 있는 제도를 도입하기를 희망하였다. 당시 '분단위 유연근무제'는 민간기업에서도 도입한 곳이 없을 정도로 생소했으며 공공기관에서는 한 곳도 도입한 곳이 없었기에 사용자는 복무관리의 어려움과 유사사례 부재를 이유로 도입을 거부하였다.

두 번째 이유는 유연근무제 도입 시 개인정보 유출을 이유로 지문체크를 거부하는 직원에 대한 보완책을 노동조합이 요구했기 때문이다.

세 번째 이유는 복무관리를 지문체크와 ERP에 연동하면 투명한 복무관리는 가능하나 수기 관리에서와 달리 불가피한 상황에서의 유연성을 기대하기는 어렵기 때문이다.

2) 2차 협상: 윈윈교섭으로 노사합의 도출

1차 협상에서의 합의실패로 인해 기관 A에 대한 상급단체의 압력은 더욱 심해졌으며 조직 및 예산상 불이익에 대한 우려가 점점 더 현실로 다가왔다. 교수 B에 대한 징계와 복무관리 시스템 개선을 본 사안의 해결책으로 진행하였던 기관 A는 노조의 비협조로 인해 난관에 봉착하게 되고 기존의 경쟁적 협상이 아닌 협력적 협상으로 노조와의 상생을 모색하였다.

2차 협상에서는 노사 모두 합의에 이르기 위해 상대방의 욕구와 이해관계를 파악하고자 노력했으며 노조 역시 기관의 불이익이 노조에도 도움이 되지 않는다는 판단 하에 기존 '시간 끌기' 전략에서 벗어나 상대방의 의견을 경청하는 태도를 취했다. 기관 A 역시 '협상결렬 시 노조 동의 없는 일방적 취업규칙 변경 강행 및 노사관계 파행'이라는 강경한 입장에서 벗어나 노동조합의 요구와 우려를 이해하려고 노력하였다. 이에 따라 각 쟁점에 관한 다양한 옵션과 대안을 논의하였고 서로가 조금씩 양보하며 서로에게 이익이 되는 창조적인 대안을 마련하기에 이르렀다.

가장 큰 쟁점이었던 유연근무제 형태와 관련해선 복무관리의 개선과 일가정 양립 선도를 통한 근로문화 개선을 위해 유연근무제를 확대하기로 하였다. 유연근무제 형태는 노동조합의 요구를 전격 수용하여 공공기관 최초의 '분단위 유연근무제'를 시행하기로 합의하였다. 이 제도가 시행될 수 있었던 계기는 이 제도의 시행을 노동조합이 협상의 최저선으로 설정하였으며 지문도입의 거부감이 있는 직원들을 고려하여 CCTV 설치는 하지 않기로 하였으며 기존 정상출퇴근제와 유연근무제를 병행하되 정상출퇴근제를 선택한 직원은 '시간외 근무' 신청 시에만 지문체크를 의무화 하였다.

표 2.1.5 노사합의 주요 내용

구분	현 행	노사합의안
유연근무제 형태	정상출퇴근제	'분단위 유연근무제' (정상출퇴근제 병행)
유연근무시간	08:30~17:30	출근 : 07:30~10:00 퇴근 : 16:30~19:00 *정상출퇴근제 선택 시 좌동
유연근무신청	-	본인신청이 원칙. 단, 업무상 또는 복무상 필요시 부서장 또는 복무부서 변경가능
공동근로시간 (코어타임)	-	오전 : 10:00 ~ 11:30 오후 : 13:30 ~ 16:00
지문단말기 및 CCTV 도입	-	지문단말기 도입 CCTV 미도입
지문체크	×	(유연) 출퇴근 및 시간외 상시 (정상) 출퇴근 X, 시간외 O
복무관리 유연성	4시간차 (반차)	2시간차 도입
업무효율화	불필요한 일 줄이기, 근무집중화 등을 통해 시간외근무를 줄이고 장시간 근로 개선	

또한 제도 도입 시 업무관리의 어려움을 주장하는 사용자의 요구를 반영하여 공동근무시간 (10:00~11:30, 13:30~16:00)을 운영하여 부서별 회

의나 업무협조는 공동근무시간 중 진행하도록 하여 유연근무의 불편을 최소화하였으며 유연근무제 운영관련해서는 본인이 신청함을 원칙으로 하되, 부서장의 신청·업무상 불가피·복무관리 등을 위해 필요하다고 할 경우에는 복무담당 부서에서 근무형태를 변경할 수 있도록 하였다. 아울러 복무관리의 유연성과 연차휴가의 효율성을 위해 기존 4시간차외에 2시간차를 도입하기로 하였으며 노사가 공동으로 불필요한 일 줄이기, 근무의 집중화 등을 통해 시간외근무를 줄여나감으로써 장시간 근로를 개선하기로 노사가 합의하였다.

3) 추가 쟁점: 임산부 맞춤형 유연근무제로의 확대

(1) 직원만족도 제고 및 업무효율성 제고

제도시행을 위해 전산시스템 개발 등 약 2개월의 준비시간이 소요된 후 직원의 신청을 받아 제도를 시행하였고 약 80%의 직원이 '분단위 유연근무제'를 신청하였고 나머지 직원들은 기존의 제도를 유지하였다. 제도시행 후 특히, 육아기 자녀를 돌보고 출근해야 하는 직원들의 만족도가 높게 나타났으며 특히, 대중교통의 부재로 출퇴근이 불편한 기관의 특성상 출근시간의 압박이 심했던 직원들의 스트레스가 사라지고 자유로운 출퇴근이 가능해지면서 제도시행 3개월 후 시행한 설문조사 결과 97%의 만족도를 나타나게 되었다.

복무관리 측면에서도 복무관리의 전산화가 가능해지면서 복무관리 부서의 업무도 간소해 졌으며 무엇보다 제도정착을 위한 노사의 노력으로 유연근무제를 이유로 교육준비에 소홀하거나 업무에 지장을 주는 직원들이 없어 초기 우려했던 업무관리에 대한 우려도 사라지게 되었다. 제도시행 후 직원만족도도 높아지고 업무의 효율성도 높아지면서 지문체크에 거부감이 있었던 직원들도 유연근무제를 신청하게 되면서 제도시행 6개월 후에는 97%의 직원이 유연근무제를 활용하게 되었다.

　제도시행 후 직원의 만족도와 업무관리의 문제가 해결되면서 '분단위 유연근무제'는 기관 A에서 시행한 제도 중 가장 성공적인 제도로 평가받았으며 경영평가에서도 '일·가정 양립 우수사례'로 선정되었다. 아울러 유연근무제는 더욱더 발전하면서 유연근무 시간의 범위는 1시간이 더 늘어나 출근시간의 범위는 07시~10시, 퇴근시간은 16시~19시로 확대되었다. 출퇴근시간 범위 확대는 직원들의 생활패턴에 따라 오전 집중 근로를 선호하는 직원들은 7시 출근을, 오전에 운동, 자기개발 등을 선호하는 직원은 10시까지 출근할 수 있도록 함으로써 직원들의 만족도롤 높였으며 기관의 예산이 수반되지 않고도 직원들의 삶의질과 일가정 양립에 기여하는 계기가 되었다.

　(2) 임산부만을 위한 맞춤형 유연근무제 확대

　① 임산부 근로시간 단축기간 관련 노사 간 갈등

　기관 A는 그동안 임산부가 없었으나 임신근로자가 발생함에 따라 임산부를 위한 근로시간 설정과 유연근무제 변경이 불가피하게 되었다. 현행 근로기준법에서는 임신근로자의 경우 임신 후 12주, 36주 ~ 출산까지는 임신근로자 보호를 위해 2시간 단축근무를 의무적으로 시행하도록 규정하고 있다. 아울러 근로시간단축에 따라 유연근무를 어떻게 설정할지에 관한 노사합의가 필요하였다.

　노조D는 근로시간 단축기간 관련해서 법정기간 외에 임신 전 기간 2시간 단축근무 실시할 것을 사용자에게 요구하였다. 하지만, 기관 A는 기관이 새로 독립한지 얼마 안 되어 인력부족으로 직원들의 병가, 휴직이 속출하는 상황에서 법정기간 외에 전 기간으로 확대할 경우 소속부서의 업무수행에 막대한 차질이 예상되어 법정기간으로만 시행하고 추후 인력상황이 나아질 경우 점진적으로 확대하는 방안을 제시하였지만 노조의 거부로 노사협상은 결렬되었다.

② 노사합의를 위한 기준 설정

기관 A는 근로시간 단축기간은 법정기간을 유지하되 임신근로자에 한해 재택근무 전 기간 적용과 유연근무제 확대시행을 제안했으나 노조D는 임신 전 기간 2시간 단축근무 시행을 최저선으로 제시하였고 업무수행의 원활함을 위해 코어타임 시간 적용을 주장하였다. 문제는 임신 전 기간으로 근무시간 단축기간을 확대할 경우 교육시간이 9시~6시에 끝나는 점을 고려할 때 다른 직원이 대신 업무수행을 할 수 밖에 없어서 인력운영을 고려할 때 기관에서는 수용하기가 쉽지 않은 상황이었다.

따라서 실무교섭은 합의에 이르지 못했으며 본 교섭으로 교섭은 지속되었다. 근로시간 단축기간을 전 기간으로 확대할 경우 업무공백을 어떻게 감당할 것인가가 가장 큰 쟁점인데 대부분의 부서장들은 업무공백을 이유로 반대했고 굳이 이 제도를 시행한다면 교육부서가 아닌 업무가 독립적인 지원부서로의 배치전환을 요구하기에 이르렀으며 노조는 전 기간으로 확대시행하지 않으면 다른 제도는 수용하지 않는다는 입장을 견지하였다. 결국 기관장의 지시에 따라 다른 유사기관의 사례를 조사하여 참조하기로 하였는데 조사결과 10개 기관 중 8개 기관의 경우 임신 전 기간 2시간 단축근무를 시행하고 있는 점을 확인할 수 있었다. 다만, 임신

근로자를 위한 재택근무의 확대나 분단위 유연근무제의 확대를 시행하는 기관은 없었다.

이와 같은 사례조사를 바탕으로 노사는 다음과 같이 임신부를 위한 유연근무제의 확대시행에 합의하였다. 우선, 근로시간 단축기간은 임신 전 기간으로 확대한다. 업무공백에 대한 우려에도 불구, 유사기관에서 '일가정 양립'을 위해 임신 전 기간 단축근무제도를 운영하고 있는 점을 감안하여 노조의 요구를 수용하여 임신 전 기간으로 확대하되 업무공백을 고려 유연근무시간은 출근 08시~10시, 퇴근 15시~17시로 조정하였고 부서장의 업무상 필요시 정상근무를 할 수 있도록 하였다.

표 2.1.6 임신부를 위한 맞춤형 유연근무제 노사합의 주요내용

구분	현행	노사합의안
근로시간 단축기간	~ 12주, 36주 ~ (법정기준 적용)	전 기간 2시간 단축근무
유연근무제 적용 시 근로시간	출근 : 07시~10시 퇴근 : 14시~17시	출근 : 08시~10시 퇴근 : 15시~17시
재택근무 적용 (원격근무로 확대)	○	×
근로시간 단축 시 유·무급	유급	유급
근로시간 단축기간 중 정상근무 가능여부	×	업무상 필요 시 정상근무 가능. 단, 법정기간 제외
임신근로자 업무·전환배치	○ (인사조치를 통한 업무경감)	× (소속부서에서 자체 업무조정)
배우자 동반검진 휴가	×	×
본관 앞 주차	허용	허용

근로시간 단축에 따른 임금보전과 관련해선 유급으로 시행하기로 하였고 임신근로자 전환·배치 관련해선 별도의 인사조치 없이 소속부서에서 근무하도록 하였다. 재택근무와 관련해선 근로시간 단축기간을 전 기간으로 허용함에 따라 근로시간 단축과 재택근무를 병행해서 사용할 수 없게 하였다. 다만, 전염병 우려등 기존의 재택근무가 가능한 상황에서는 '원격근무' 개념을 도입하여 자택뿐만 아니라 다른 장소에서도 업무포털에 접속하여 근무한 경우 근무시간을 인정하기로 하여 재택근무의 범위를 확대하기로 하였다.

5 갈등협상의 특징과 교훈

1) 특징

공공기관에서 유례를 찾기 어렵고 민간을 선도하는 '분단위 유연근무제'를 노사 모두의 '위기'를 기회로 활용함으로써 가능케 하였다. 이를 바탕으로 '일·가정 양립'과 '업무효율화'라는 노사공동의 이익을 창출할 수 있었으며 나아가 '원격근무' 도입과 '임신부 맞춤형 유연근무제'로 발전할 수 있었다.

초기 경쟁적 협상에서 협력적 협상으로의 전환에 따라 노사의 양보와 대화를 통해 최선의 대안을 마련하였다. 협상전략 차원에서 노조의 '시간 끌기'와 사측의 '일방 강행'이라는 전략 모두 서로에게 도움이 되지 않으며 이는 모두가 패자로 귀결되는 '패패'협상이라는 인식하에 '협력적 협상'을 통한 창조적 대안마련이 필요하다는 공감대로 인해 서로가 윈윈하는 협력적 협상이 가능하였다.

2) 교훈

(1) 상호 양보와 타협

노사가 윈윈교섭을 통해 자신의 입장에서 조금씩 양보하며 상호 윈윈한 사례를 만든 모범적인 교섭으로 귀결되었다. 특히 시간에 쫓기던 사측의 상황을 경쟁적 협상을 통해 일방적인 양보를 이끌어내려는 'All or nothing' 전략보다는 조합원의 실리와 기관의 입장을 고려하여 적극적으로 타협안을 제시한 노조의 전략이 돋보였으며 사용자 역시 노동조합의 욕구와 이해관계를 파악하고 먼저 '물의 반잔'을 채우는 신뢰를 보임으로써 서로가 양보하며 최선의 대안을 만들 수 있었다.

(2) 노사 인내와 신뢰

노사의 이해관계를 확인하고 대안을 개발하는 것은 노사 모두에게 유익하며 이를 위해서는 노사 모두에게 '인내'와 '신뢰'의 형성이 그 무엇보다 중요하다는 시사점을 얻을 수 있었다. 노사 모두 구성원 중 '강경파'와 '협상파'가 존재하는바 내부 의견조율까지는 어느 정도의 설득의 시간이 필요하며 내부 의견조율과 의사결정 하는데 있어서의 노사간부의 리더십도 중요한 변수임이 확인되었다.

(3) 장기적 노사관계

이번 교섭을 통해 노사관계는 원원교섭을 통해 상호 승승하는 관계가 되어야 함을 시사하였다. 일반적인 협상과 달리 노사협상은 일회성이 아니라 상시적으로 이루어지는 만큼 노사협상의 파행은 조직의 발전과 개인의 이익에 도움이 되지 않기 때문이다.

(4) 원원교섭의 우수 사례

한 번의 신뢰로 인한 원원교섭의 성공사례는 다른 교섭에서의 성공사례로 귀결될 수 있다는 사실이 확인되었다. 이번 교섭의 가장 큰 결과물인 '분단위 유연근무제'는 이후의 교섭을 통해 적용시간과 적용대상이 대폭 확대되었고 재택근무를 '원격근무'로 확대하는 계기가 되었고 경영평가의 우수 사례로 선정되었다.

(5) 비금전적 성과

금전적 처우개선만이 노사관계의 개선을 가져오지 않는다는 교훈을 얻었다. '분단위 유연근무제'나 '원격근무' 도입은 소요예산이 전혀 소요되지 않음에도 금전적 처우개선을 넘어선 직원만족도와 조직효과성을 가져올 수 있었다.

(6) 노사리더 간 친분

노사관계에 있어서 협상당사자의 '개인적 친분' 또는 '호감'여부도 협상의 성공에 큰 영향을 미칠 수 있음을 증명하였다. 이번 교섭에서 노동조합 수석부위원장과 사용자측의 경영지원팀장은 매우 친분이 깊은 사이여서 노사 간의 이해관계와 욕구를 파악하고 서로의 양보수준을 결정함에 있어서 결정적인 역할을 하였다. 이를 기반으로 노사관계에서도 먼저 양보하는 것이 좋은 결과로 귀결될 수 있음이 증명되었다.

사례 2
공공부문 비정규직의 정규직 전환 사례

1 갈등의 배경

1) A 기관과 H 대학의 통폐합

A 기관은 정부의 공공기관 선진화 정책에 따라 다른 공공기관인 H 대학과 통폐합되었다. 통폐합 이후 수도권과 지방에 각자 위치했던 기관 A와 H 대학은 직원들 간의 근로조건 격차 및 조직문화의 차이 등으로 인하여 극심한 갈등을 겪게 되었는데 특히, 취업규칙 통폐합 문제와 직원 인사교류 문제가 통합의 가장 큰 걸림돌이었다.

한편, 기관이 통폐합 되면서 L 부처 산하의 독립기관이었던 A 기관은 H 대학 산하의 부속기관으로 그 위상이 낮아지게 되었다. 기관 통합이후 A 기관의 시설관리 등 을 담당하던 기간제 근로자 및 용역업체 직원 등은 H 대학의 동일업무를 담당하는 H 대학 생활협동조합("이하 생협") 소속으로 그 신분이 변경되었고 업무와 처우는 동일한 수준에서 소속만 변경되었다.

또한, A 기관의 시설관리 업무를 H 대학 생협이 담당하고 소속 근로자를 승계한다는 업무위탁계약을 체결하면서 향후 '기관독립 및 통폐합' 상황 발생시 A 기관 소속 근로자는 다시 A 기관 소속으로 귀속시킨다는 별도의 조항을 포함하였다.

2) A 기관의 독립

A 기관과 H 대학은 10년 간 같은 기관 소속으로 운영되었으나 애초의 설립목적과 조직문화가 달랐기 때문에 통폐합의 시너지보다는 기관 간의 갈등으로 인해 본연의 설립목적에 부합하는 미션 달성에 제약으로 작용하는 등 많은 문제점만 노출되었다. 그 결과 내·외부에서 기관의 독립에 관한 요구가 분출하였고 노동존중사회를 국정과제로 선정하였으며 노동을 중시하는 새 정부가 들어서면서 A 기관은 다시 독립하여 독자적인 사업을 수행할 수 있게 되었다.

A 기관이 다시 독립기관이 됨에 따라 이전에 H 대학 생협소속으로 신분이 전환되었던 A 기관 소속 근로자들의 정규직 전환 이슈가 대두하게 되었다.

2　갈등의 당사자와 쟁점

1) A 기관

A 기관은 노사를 대상으로 노사관계교육을 전문으로 실시하는 공공기관으로서 노사 어느 곳에도 치우치지 않는 중립적인 교육을 실시해야할 의무가 있으면서 정부의 노동정책을 교육을 통해 실현해야 하는 기관이다. 본 사안과 관련하여 A 기관의 입장은 정부의 '비정규직의 정규직 전환 가이드라인'을 준수하고 기존 직원들의 고용을 보장하되 예산 범위 내에서 처우개선을 하는 것을 목표로 하고 있다.[16]

2) H 대학 생활협동조합

생협의 입장은 고용승계와 관련, 기존 업무위탁계약상 A 기관 독립 시 근로자 귀속 조항에 근거 A 기관 소속 근로자들을 전부 인수해줄 것을 요청하였다. 다만 기획재정부의 정원 승인이 나지 않거나 늦어질 경우 연말까지는 근로자 소속을 생협에 유지할 수 있다는 입장을 견지하고 있다. 생협은 기존 근로자와 A 기관 소속 승계직원 간 근로조건 차이와 물리적 거리로 인한 노무관리의 어려움을 겪어왔던 바, 최대한 빠른 시간 안에 근로자들의 고용승계 문제를 해결하기를 희망하였다.

표 2.2.1 정규직 전환 갈등의 당사자와 쟁점

쟁점	A 기관	H 대학 생협	근로자
고용승계 원칙	기재부 및 고용부 승인 전제 고용승계 가능. 승계방법은 신규채용을 통한 선별적 고용승계, 용역, 자회사 등 다양한 방안 검토	업무위탁계약에 근거 근로자 전원승계 요구	정규직으로 기 전환된 생협직원을 A 기관 독립으로 고용불안을 야기하는 것은 불합리
고용승계 방법	설립준비위 의결 및 노사전문가위원회 구성	업무위탁계약	노사 간 교섭
정년설정	60세 (정규직 동일)	노사교섭	65세 (기 정년도과자 추가 정년보장 요구)
근로조건	현행유지	노사교섭	생협 전환 시 처우개선 전혀 없었던 점 감안, 임금 및 복리후생 개선요구
임금체계 설정	직무급	노사교섭	처우개선 전제, 직무급 도입 가능

주: 정부의 고용승계 원칙은 공공기관 정규직 전환 가이드라인 준수이다.

3) A 기관 소속 생협 근로자

생협 소속 근로자들은 A 기관의 독립에 따라 A 기관의 시설관리 등을 담당하는 직원들의 전원 고용승계와 처우개선을 요구하고 있다. 특히 A 기관과 H 대학의 통합 시 근로조건 개선이 거의 이루어지지 않은 점을 고려하여 A 기관 독립 시 전원 고용승계는 물론 임금과 복리후생 조건의 인상 등 대폭적인 근로조건 개선을 요구하고 있으며 노동조합을 결성하여 이러한 요구조건을 적극적으로 관철하고자 하였다.

3 갈등해결 및 협상 과정

1) 노사전문가위원회 구성

생협 소속 직원의 A 기관으로의 정규직 전환을 위해 A 기관과 생협 간 양자 대면, A 기관과 근로자 간 양자 대면, A 기관-생협-근로자 간 3자 대면 등 다양한 대화채널이 구축되어 정규직 전환과 그에 따른 근로조건 설정 방안을 논의하였으나 정규직 전환을 위해서는 기획재정부 정원승인과 고용노동부 담당부서의 협조 및 설립 준비위원회 의결 등의 절차가 전제되어야 했으며 이러한 절차를 위해서는 기관 A의 적극적인 노력과 상당한 시간이 소요될 수밖에 없는 상황이었다.

아울러 A 기관의 입장에서는 정규직 전환을 함에 있어 전환되는 근로자의 고용안정 뿐만 아니라 기존 정규직 근로자와의 형평성, 예산상황, 노사관계에 미치는 영향 등 다양한 변수를 고려해야 한다. 그러나 이러한 상황을 이해하지 못하고 고용승계 절차의 조속한 마무리를 통해 고용불안을 해소하고자 하는 근로자들을 설득해야 하는 과제를 안고 있었다.

A 기관 내부에서는 생협 소속 직원들의 업무태만, 지시 불이행 등 근로자들의 소극적인 근무태도로 인하여 '신규채용' 절차를 통해 선별적으로 고용을 승계해야 한다는 의견도 있었다.

기관 설립 예정일은 다가오는데 다양한 이해관계자들과 지지부진한 협상으로 정규직 전환 절차는 속도를 내지 못하고 있었다. 이에 따라 정규직 전환의 원활한 마무리를 위해서 무엇보다 노사 간 신뢰회복이 급선무인바, 노사 간 직접교섭과 설득보다는 전문가의 도움을 받기로 결정하고 비정규직의 정규직 전환 가이드라인에서 권고하는 노사전문가위원회를 구성하여 본 사안과 관련한 논의를 진행하기로 하였다.

노사전문가위원회는 A 기관을 대표하는 사용자 위원 5명, 근로자를 대표하는 직종별(경비, 시설, 미화) 대표자 5명, 노사관계 전문가 4명으로 구성하되 위원장은 정규직 전환에 경험이 많은 노사관계 전문가 1명이 위원장을 맡아 전반적인 회의운영을 진행하기로 하였다.

2) 노사전문가위원회 구성에 관한 노사의 이해관계

(1) A 기관의 이해관계

A 기관 입장에서는 노사 간 직접교섭으로 인한 갈등 증폭, 정규직 전환 절차 지연에 대한 근로자들의 지속적 불만 제기로 담당부서의 어려움이 가중되었다. 따라서 근로자들이 기관의 입장을 이해하지 못하는 상황이 지속됨에 따라 전문가의 도움으로 노동교육기관에서 모범적인 정규직 전환 모델을 만들어 가는 것이 유리하다고 판단하였다. 아울러 노사전문가

위원회에서 노사전문가가 함께 논의하고 결정하는 것 이외에 그 어떤 사항도 사실이 아님을 근로자에게 주지시키는 효과를 기대하였다.

(2) 근로자의 이해관계

근로자 입장에서는 정규직 전환과정에서의 적극적인 참여와 전문가의 도움으로 안정적인 정규직 전환과 근로조건 개선이라는 두 마리 토끼를 잡을 수 있을 것으로 기대하였다. 또한, 공공기관의 정규직 직원이 될 수 있다는 기대감도 위원회 참여를 이끄는 중요한 동력으로 작용하였다.

3) 1차 노사전문가위원회 주요내용

1차 회의에서는 위원들 간 상견례와 위원장 선출 및 주요 논의안건을 선정하는 것을 주요 내용으로 회의를 진행하였다. 회의진행 방법에 관한 논의도 함께 이루어졌다. 위원 구성은 노사 각 5인과, 전문가위원 4인(간사 포함) 등 총 14명으로 구성하였으며 위원장은 전문가 위원 중에 1명이 맡아 회의를 진행하기로 하였다. 회의 운영방식과 관련해서는 전문가 위원이 회의를 주도하고 자유로운 토의 방식으로 안건을 도출하며 사용자 측은 정보를 투명하게 제공하고 위원회에서 논의되고 합의되는 사항은 직원들에게 있는 그대로 공개함으로써 본 사안과 관련한 불필요한 오해나 루머가 조직 내 확산되는 것을 차단하기로 하였다.

주요 안건의 의결방식은 노사전문가의 과반수 찬성 합의로 정하기로 결정하였다. 1차 회의에서 논의된 주요 안건은 아래와 같다. 2차 회의 시까지 노사는 각 구성원들의 의견을 다시 수렴하여 차기 회의에서 다시 논의하기로 하였다.

표 2.2.2 노사전문가위원회 주요 안건

No	안건	주요 쟁점
1	정년 설정	정년설정 기 정년 도래자 정년 직종별 별도정년 설정여부
2	교대근무제 개편	현행 2조 2교대 근무제 개편 교대근무자 휴게 및 연차부여 감시·단속적 근로 등록
3	임금체계 개선 및 복리후생	직무급 도입 복리후생 3종세트(선택적복지비, 명절상 여금, 중식보조비) 도입 여부 등

4) 2차 노사전문가위원회 주요내용

2차 회의에서는 1차 회의에서 논의된 안건과 관련하여 노사가 각자 청취한 의견을 바탕으로 각자의 의견을 제시하였고 이에 대한 전문가들의 입장도 제시되었다. 먼저 근로자 측에서 사용자(안)에 대한 배경 설명을 요구하여 사용자(안)에 대한 제안 설명을 하였다. 사용자 배경 설명 후 노조의 입장 및 전문가위원의 의견 제시 순서로 회의는 진행되었으며 각 당사자들의 의견은 다음과 같다.

표 2.2.3 정년설정에 관한 당사자 의견

구 분	주 요 의 견
근로자	직종별 정년별도설정 : 미화, 경비 65세 타 직종 62세, 단, 재고용기간 일정 부여 정년도과자 유예기간 : 1년 + @ (상반기 생일자 6월말, 하반기 생일자 12월말)
사용자	전 직종 60세. 정규직과 별도 정년 설정 불가 미화, 경비직종에 한해 평가를 통해 정년 도과 후 1년간 계약직 채용 검토
전문가	공공기관 중에서도 고용노동부 산하기관의 정년기준을 고려하여 동일한 기준으로 설정 최초 생협으로 소속 변경 시 기 결정된 근로조건

표 2.2.4 교대근무제 개편에 관한 당사자 의견

구 분	주 요 의 견
근로자	2교대 근무를 3교대로 변경하는 안에 찬성 경비, 사감 통합을 통한 3교대 근무인원 확보방안은 개인동의를 전제로만 가능 교대제 개편을 위한 추가 채용 요구
사용자	2교대 근무로 인한 근로시간 미준수 및 교대근로자 휴가사용 보장을 위해 3교대로 변경 불가피 경비, 사감 통합을 위해 위원회 의결 요구 인력재배치를 통한 교대제 개편. 추가채용 불가
전문가	3교대로의 교대제 개편은 필수. 추가채용을 통한 교대제 개편은 정원 및 예산상의 한계로 현실적으로 어려움 사감직의 경우 근로자 개인이 동의하는 경우에 통합하고 비동의시 신규채용자부터 적용하는 것을 제안함.

표 2.2.5 임금체계 및 복리후생에 관한 당사자 의견

구 분	주 요 의 견
근로자	임금인상 및 승진체계 마련을 전제로 직무급 도입가능 복리후생 3종세트(선택적복지비, 명절상여금, 중식보조비) 전면 도입
사용자	직무급 도입 시 승진체계 마련 가능. 단, 일률적 임금인상 불가 예산범위 내 복리후생 제도 단계적 도입
전문가	직무급 도입 시 직원들의 동기부여가 가능하도록 승진체계를 마련하고 예산범위 내 임금인상 고용승계 시 정규직과 차별 없는 복리후생제도 도입하되 기관 예산상황을 고려

4 갈등협상 결과 및 합의

정년 설정, 교대제 개편, 임금체계 및 복리후생 등 근로조건 개선과 관련하여 추가적인 논의 끝에 노사전문가위원회에서 각 안건에 관하여 합의를 이룰 수 있었으며 추가적인 논의가 필요한 사항은 외부전문가에 컨설팅을 의뢰하여 추가적으로 노사가 논의하기로 하였다.

1) 정년 설정

정년 설정과 관련하여 전문가위원의 권고대로 A 기관이 속한 고용노동부 산하기관의 정년기준을 참조하였는데 대부분의 기관에서 고령자친화직종인 '경비 및 미화'의 경우 65세로 정년이 설정되어 있어 그 기준대로 적용하기로 하였다. 그 외의 직종은 다른 정규직과 동일하게 60세로 설정되었다.

정년과 관련하여 또 다른 이슈인 정년 설정 시 이미 정년이 지난 근로자의 고용유지기간을 어떻게 설정할 것인가 였는데 실제 정년을 60세~65세로 설정하면서 정년을 60세로 설정한 기계직종부터 65세로 설정한 미화 및 경비직종 모두 설정된 정년을 넘기거나 개원시점이 되면 정년에 도달하는 근로자가 1/4 정도 되는 것으로 파악되었다.

법적으로는 개원시점에서 정년이 지났거나 정년에 도달한 경우 퇴직처리해도 문제가 없으나 ⅰ) 기관독립으로 인한 정규직 전환이 정년단축이라는 불이익으로 귀속되는 점, ⅱ) 신설기관으로 새로운 출발을 해야 하는 시점에 근로자들이 사직하는 것은 직원들의 사기에 부정적 영향을 미칠 수 있다는 점, ⅲ) 노사관계 교육기관으로서 공공부문의 노사관계를 선도해야 하는 기관의 특수한 상황 등을 감안하여 노사전문가위원회에서는 개원 후 1~1.5년 까지 차등적으로 고용을 보장하기로 합의하였다. 정년이 65세까지 설정된 미화 및 경비직종은 1년, 60세로 설정된 시설직종은 1.5년으로 설정함으로써 정년 도과자에 대해서는 시설직종 근로자를 배려함으로서 직종 간 형평성을 도모하였다.

표 2.2.6 노사전문가위원회 주요 합의내용

구 분	주요 합의내용
정년 설정	60세. 단, 경비 및 미화직종 65세 (사감제외) 정년도과자 고용유지기간 : 개원후 1~1.5년 * 미화·경비 1년, 시설·사감 1.5년 개원직후 정년도래자 : 개원후 1년간 고용보장
교대근무제 개편 및 근로시간 설정	경비·사감, 시설·전기 통합운영을 통한 3교대제 개편, 단, 사감직 근로자 미동의로 시행시기는 사감직 및 전기직종 근로자 퇴직이후 신규채용시점부터 적용 근로시간 설정시 법정근로시간 준수 및 근로자 휴게 및 연차사용보장이 가능하도록 근로시간 설계 감시·단속적 근로 미시행
임금체계 및 복리후생	승진체계를 반영한 직무급 도입, 예산범위 내 임금인상 노력 복리후생 3종세트 중 금액이 가장 큰 선택적복지비 개원즉시 도입 중식보조비 및 명절상여금은 노사공동으로 기재부에 증액 요구하되 2년 내 도입 노력
향후추진사항	직무급 도입을 위한 노사공동 임금체계 컨설팅 시행 합리적인 교대제 개편을 위한 노사공동 근로시간 컨설팅 시행

정년 관련하여 마지막 이슈는 개원 직후 정년이 도래하는 근로자들의 근로관계 유지여부였다. 이미 정년이 지난 근로자들의 정년을 1~1.5년으로 설정하기로 노사전문가위원회가 합의하였다. 개원 직후 정년이 도래한 근로자를 곧바로 퇴직 처리하면 직원들의 사기와 별개로 인력공백으로 인한 기관운영의 어려움이 발생하는바 개원직후 정년이 도래하는 직원에게도 개원 후 1년간은 고용을 유지하기로 노사전문가위원회가 합의하였다. 결과적으로는 모든 근로자에게 개원 후 1년간은 고용을 보장하는 것으로 합의가 되었다.

하지만, 이 과정에서 일부 근로자들의 격렬한 반대도 있었다. 노사전문가위원회 소속 근로자 대표들은 이러한 정년 설정안에 모두 동의하고 합의서에 서명했으나 개원 직후 정년이 도래하는 근로자들은 정년설정에 있어서의 근로자간 형평성 문제를 제기하며 격렬히 반대하였다. 이미 정년이 지난 근로자들이 상대적으로 더 큰 혜택을 받는다는 이유에서였다. 이와 관련하여 근로자뿐만 아니라 근로자들이 소속된 노동조합 및 상급단체에서도 항의방문, 기관장 면담요구 등이 있었다. 하지만, 현실적으로 모든 근로자들을 만족시킬 방안이 없었기에 이들의 반발에도 불구하고 노사전문가위원회에서 원안을 최종 확정하였다.

2) 교대근무제 개편

교대근무제 개편과 관련해선 노사전문가위원회가 3교대제로의 개편에 합의하였다. 지금껏 2교대 근무로 인하여 실 근로시간임에도 주 52시간 준수를 위해 명목상 휴게시간으로 설정하는 등 주 52시간을 온전하게 준수하지 못하는 문제점을 개선하고자 하였다. 즉, 근로자들의 휴가사용권을 온전히 보장하기 위하여 경비·시감 통합, 시설·전기 통합운영을 통해 기존 2조 2교대 근무를 3조 3교대로 변경하기로 하였다. 특히, 야간근무 시간을 고려하여 반드시 2인1조로 근무조를 편성하기로 하였다.

다만 경비, 사감 직종의 경우 총 6명(경비4, 사감2)의 근로자로 구성되었는데 직종 통합을 위해서는 사감 직종 근로자의 과반수 동의가 필수적이었다. 경비근로자들의 경우 교대근무제 개편으로 인한 불이익이 없었으나 사감 직종의 경우 교육생이 있는 주중에만 야간근로가 있고 주말근로가 없었다. 하지만 직종 통합 시 주말 및 휴일근로가 발생하는바 근로자의 개별동의가 필요했다. 다만 직종 통합 시 정년이 65세로 5년 연장되는 부분이 가장 큰 메리트였기에 담당자가 개인의 동의를 받고자 지속적인 노력을 했으나 결국 2명의 근로자 중 1명에게만 동의를 받아서 과반수 동의를 얻지 못해 시행 시기는 사감근로자가 퇴직하는 1년 이후 신규채용 시점부터 시행하기로 하였다.

표 2.2.7 교대근무제 개편(안)

구분		기계·전기			경비·사감 (2인 1조)					
근무시간		주 08:30~17:30	야 17:30~08:30	비번	주 08:30~17:30		야 17:30~08:30		비번	
1	월	A조	B조	C조	A조	A조	B조	B조	C조	C조
2	화	C조	A조	B조	C조	C조	A조	A조	B조	B조
3	수	B조	C조	A조	B조	B조	C조	C조	A조	A조
4	목	A조	B조	C조	A조	A조	B조	B조	C조	C조
5	금	C조	A조	B조	C조	C조	A조	A조	B조	B조
6	토	B조	C조	A조	B조	B조	C조	C조	A조	A조
7	일	A조	B조	C조	A조	A조	B조	B조	C조	C조

교대근무제 개편을 위해 필수적인 시설, 전기직종 통합의 경우 시설근로자들은 전기업무를 수행할 수 있는 자격을 갖추고 있었으나 보일러 등 냉·난방 시설 유지보수를 하기 위한 자격증은 갖추고 있지 않았다. 주간

근무만 시행하는 점을 고려하여 시설·전기직종 통합도 전기직종 근로자들의 퇴직 후 보일러, 전기기사 자격을 갖춘 직원을 신규 채용하는 시점부터 적용하기로 하였다.

아울러 교대근무제 개편 시까지 2교대 근무로 인한 근로시간 위반 문제를 해결하기 위해 도입하려던 교대근무자의 감시·단속 근무 신청은 추후에 검토하기로 하였다.

3) 임금체계 및 복리후생

임금체계 및 복리후생 관련해선 노사의 요구를 반영하여 직무급을 도입하되 승진체계를 반영하기로 하였다. 다만, 임금인상의 경우 별도의 인건비를 확보하지 못한 상태였기에 예산범위 내에서 임금인상을 하기로 하였으며 정규직에게 적용되는 복리후생 3종 세트(선택적 복지비, 중식보조비, 명절상여비) 중 가장 금액이 큰 선택적 복지비를 우선적으로 도입하고 나머지는 단계적으로 증액하기로 합의하였다.

표 2.2.8 공무직 임금체계

[단위 : 천원]

직군	단계 등급	1단계 (2년)	2단계 (2년)	3단계 (3년)	4단계 (4년)	5단계 (5년)	6단계 (6년이상)
시설 관리	1등급	2,454	2,503	2,552	2,601	2,650	2,700
	2등급	2,553	2,617	2,680	2,768	2,832	2,896
경비	1등급	2,330	2,376	2,423	2,470	2,516	2,563
	2등급	2,424	2,484	2,544	2,628	2,689	2,749
사감	1등급	1,970	2,010	2,049	2,089	2,128	2,168
	2등급	2,050	2,101	2,152	2,223	2,274	2,325
미화	1등급	1,967	2,006	2,045	2,085	2,124	2,164
	2등급	2,069	2,108	2,148	2,183	2,223	2,262
조경 운전	1등급	2,582	2,633	2,685	2,737	2,788	2,840
	2등급	2,686	2,753	2,819	2,912	2,979	3,047

5 갈등협상의 특징과 교훈

1) 특징

공공기관의 시설관리 담당직원의 신분과 관련하여 최초 '용역업체'에서 대학자회사인 '생활협동조합'으로 변경되었다가 기관 독립으로 인하여 정규직으로 전환된 최초의 사례로서 근로자의 의지와 관계없이 소속 변경으로 인한 노사갈등을 '정규직전환 가이드라인'을 기반으로 '노사전문가위원회'를 통한 협상창구를 통해 갈등을 해결한 모범사례이다.

초기 노사 당사자 간의 직접교섭으로 인한 갈등증대와 외부환경으로 인한 신뢰구축의 어려움을 제3자인 전문가의 참여를 바탕으로 합리적인 기준을 설정함으로써 해결할 수 있었다.

2) 교훈

(1) 협상과정의 공정성

협상의 과정은 협상의 결과를 담보한다는 중요한 교훈을 얻을 수 있었다. 협상의 결과물이 모든 이해당사자, 특히 모든 근로자를 만족시킬 수 없을지라도 과정의 공정함과 협상과정에서의 근로자들의 참여를 적극 보장함으로써 그 결과를 수용하는 힘이 된다는 중요한 교훈을 얻을 수 있었다.

본 협상에서 노사전문가위원회 합의에도 불구하고 합의사항에 대해 상대적 불이익을 당했다고 느낀 일부 근로자들과 그들이 소속된 노동조합의 격렬한 반대가 있었으나 협상의 결과가 모두에게 최선의 대안이었음을 인지한 근로자위원의 설득과 협상과정의 투명성과 공정성은 그 결과를 수용하는 강력한 힘으로 작용하였다.

(2) 새로운 대안 개발

기존의 관행에 얽매이지 않는 새로운 대안의 개발은 노사의 이해관계를 좁히고 합의에 이루게 하는 중요한 역할을 제시한다. 상대방의 입장을 고려하지 않고 자신의 입장만을 고수하거나 타 기관 사례가 없다는 이유로 새로운 대안을 개발하지 않는 것은 문제해결을 더욱 어렵게 한다는 중요한 교훈을 깨달을 수 있었다.

문제해결을 위한 대안 마련시 정부 가이드라인과 다른 유사기관의 사례를 참고하였으며 기관에 부담이 가지 않으면서도 타 기관에 모범이 될 수 있는 새로운 사례와 관행을 만들어 냄으로써 원원협상의 결과로 귀속될 수 있었다. 특히, 기관설립이라는 특수한 상황을 고려하여 정년 60세 일괄적용 대신, 기존 근로자의 고용보장과 기관 인력운영 해소라는 상호의 이해관계를 충족시키기 위해 직종별 유예기간을 차등 설정함으로써 모두가 원원하는 협상의 결과물을 만들 수 있었다.

(3) 상대방 이해관계 파악

상대방의 이해관계를 정확히 파악하는 것은 신뢰를 구축하고 갈등을 줄이는 결정적인 역할을 한다. 협상초기에 근로자들은 소속변경으로 인한 고용불안정과 정원승인에 관한 불확실성, 미확인 정보의 유포 등으로 인하여 조직 내 불안을 야기하였으며 기관과의 신뢰형성에도 큰 어려움을 겪었다.

(4) 중립적 노사전문가위원회 역할

이러한 불확실성을 해결하기 위해 '노사전문가위원회'라는 공식적인 기구를 만들어서 근로자들의 참여를 보장하고 위원회 논의 사항 외에는 모두 비공식적인 루머임을 천명함으로써 노사의 신뢰를 쌓을 수 있었으며 위원회와 별도로 각 직종별로 입장이 다른 각자의 이해관계를 파악하기 위하여 개별 근로자 면담 및 직종별 간담회 등을 수시로 개최함으로써 각 직종별 이해관계와 근로자들의 이해관계를 정확히 파악할 수 있었고 그에 기반하여 대안을 제시함으로써 윈윈교섭의 결과를 만들어 낼 수 있었다.

(5) 시간제한 설정

시간적 압박과 협상당사자의 협상에 임하는 자세는 협상의 결과를 좌우하는 중요한 요소임을 보여주었다. 노동갈등에 있어서도 시간적 압박은 노사 모두에게 양보를 강요하게 하는 요인으로 작용한다. 본 협상에서도 사용자 측은 개원 전까지 협상을 원만히 타결하고 장관이 참석하는 개원식에 공무직 임용식을 진행함으로써 노사관계 선도 기관으로서의 위상을 높이고자 하는 내부 목표를 갖고 있었으며 근로자들도 자신의 요구조건을 최대한 관철하면서 개원 전까지 사측과의 협상을 마무리함으로써 기관 독립의 장애물이 되지 않으려는 내부 목표를 갖고 있었기에 적극적인 양보와 타협이 가능하였다.

요컨대 협상당사자들의 적극적인 협상과 대안제시, 상대방의 이해관계를 파악하고자 노력과 상대방 입장에서 협상을 이해하려는 노력은 성공적인 협상을 가능케 하는 중요한 요인임을 배울 수 있었다.

사례 3
서비스업 노사 임금교섭 사례

1 갈등의 배경

A 노조는 5년 간 B 사의 과반수 노조로서, B 사와 임금교섭을 진행하고 있다. 물가상승률, 전년도 B 사와 합의한 임금인상률(기본급 3%) 및 현행 동종업계 임금인상률 등을 고려하여 기본급 7%의 인상안을 요구하고 있다. 또한 식대, 교통비 등의 일부 인상도 요구하고 있는 상황이다. 한편, A 노조와 B 사는 이미 8차례 교섭을 진행하였으나, B 사는 별다른 합의점을 제시하지 않고 있다.

A 노조는 특히 B 사의 교섭 담당자 교체, 확인 요구사항 미 이행, 지속적인 의견 번복으로 인하여 B사가 성실히 교섭하지 않는다는 의구심을 가지고 있는 상황이다. 게다가 제2노조인 C 노조가 적극적인 홍보활동, 임금교섭 미진에 대한 책임을 성토하는 등 선전활동을 하고 있어 조합원 이탈이 우려되고 있다.

B 사는 서비스업을 영위하는 회사로 인사부서장을 통하여 A 노조와의 임금교섭을 진행하고 있다. 작년도 이윤은 목표치를 초과 달성하였으나(약 10%), 올해 시장이 불황으로 예상되고, 향후 경쟁력을 확보하기 위하여 적극적인 자동화 설비 투자가 고민되는 시점이다.

한편 B 사는 노조의 요구사항에 대한 내부검토 이후 대표이사, 그룹

지주사로부터 결재를 얻고자 하였으나, 대표이사는 결정을 지연하다가 결국 3%의 인상률을 제시하기로 하였다. 이에 인사부서장은 임금인상률 3% A 노조에게 제시하였으나, 지주사의 번복으로 다시 2%를 제시하였다.

이에 A 노조는 B 사가 A 노조를 기만하고 성실교섭의무를 위반하거나 거부, 해태하는 방식으로 부당노동행위를 하고 있다고 판단하여 법적 절차에 돌입할지를 고민하고 있다.

2 갈등의 당사자와 쟁점

1) A 노조

A 노조는 B 사가 매년 임금교섭을 지지부진하게 끌고 A 노조의 제시안에 대하여 수용여부, 수용안에 대한 번복을 반복해오고 있는 상황에 인내심에 한계에 다다랐다. 또한 A 노조 강성 지지층은 지도부에 쟁의행위 돌입 등을 준비하자고 적극적으로 건의하고 있다.

다만 A 노조는 조합원 대부분이 파업 등 쟁의행위에 적극적이지 않아 B 사에 대한 강력한 대응을 하기 어렵다. 자칫 내부 분열이 일어날 가능성도 배제할 수 없다. 더욱이 A 노조는 C 노조의 성장세에 신경을 쓰지 않을 수 없다.

A 노조는 일단 7%의 임금인상률을 고수하기로 하고, 내부 조합원 의견을 수렴하여 적어도 5%의 임금인상률 요구를 견지할 생각이다. 다만 B 사가 임금 외 복리후생을 추가로 제시할 경우 검토하여 4.5%의 인상률을

고려할 수 있다.

2) B 사

B 사는 회사 특성상 지주사로부터의 최종결재를 받아 A 노조와 임금교섭을 체결할 수밖에 없다. 또한 아직 자동화 진행 정도가 미흡하여 A 노조가 파업을 할 경우 고객만족도 저하 및 이탈, 사업 운영에의 차질로 인하여 연 매출 기준 약 20%의 손실이 예상되는 상황이다.

따라서 지주사를 설득하며, 노조의 쟁의행위 발생을 방지하며 현재 사업 운영이 계속되도록 유지하여야 한다. 또한 작년도 이윤에 비추어 최대 5%의 인상률을 수용할 수는 있으나 지속적인 시장 상황 변화로 자동화 설비 도입 등에 대한 점진적인 투자를 모색하여야 한다.

다만 작년에 A 노조로부터 양보를 구하여 3%의 임금인상을 진행한 바 있는 점 등을 고려하여 올해에는 지주사를 설득하여 목표치를 인상률 3.5%로 두고 최종적으로 인상률 5%에 대신 조합원들이 1주 5시간의 연장근로를 추가로 투입할 수 있도록 이번 임금교섭을 마무리하려고 계획하고 있다.

표 2.3.1 갈등의 쟁점과 당사자의 입장

구분	A 노조	B 사
욕구	임금 5% 이상 인상	임금 3.5% 인상
초기제안	임금 7% 인상 교통비, 식대 인상	임금 3% 인상
최저양보	임금 4.5% 인상 + 기타 복리후생	임금 5% 인상 + 1주 5시간 연장근로
BATNA	쟁의행위	연 매출 20% 손실

1) 1~4차 임금 교섭

표 2.3.2 1~4차 임금교섭 요약

A 노조 요구사항	B 사의 대응			
	1차	2차	3차	4차
기본급 7% 인상	작년도 이윤 확인 중	내부 검토 중	담당자 변경으로 인수인계	내부 검토 중
교통비 5만원 인상	작년도 이윤 확인 중	내부 검토 중	담당자 변경으로 인수인계	내부 검토 중
식대 2만원 인상	작년도 이윤 확인 중	내부 검토 중	담당자 변경으로 인수인계	내부 검토 중

2) 5~8차 임금 교섭

표 2.3.3 5~8차 임금교섭 요약

A노조 요구사항	B사의 대응			
	5차	6차	7차	8차
기본급 7% 인상	내부 검토 중 (동결 가능성 언급)	2% 제시	2% 제시	3% 제시
교통비 5만원 인상	불가	불가	불가	불가
식대 2만원 인상	불가	불가	불가	불가

3) 9차 임금 교섭 진행

A 노조와 B 사는 다시 협상테이블에 앉았다. A 노조는 임금인상률 7% 요구를 고수하며 결렬 시 노동위원회 조정절차를 진행할 것임을 예고했다. 노동위원회 조정절차 이후 조정 성립 여부와 무관하게 노동조합은 쟁의권을 확보할 수 있다. 물론 조합원 과반수의 찬성은 남아있는 과제다.

B 사는 지난 차수에 제시한 3% 임금인상률을 고수하며 시장상황의 악화, 향후 경쟁력 강화를 위한 투자 불가피성을 설명하였다. 대신 미취학 자녀를 둔 조합원에게 입학 축하금 30만원을 지급할 것을 제시하였다.

A 노조는 지난해 임금교섭 시 B 사에 대한 배려로 3%의 인상률로 합의한 점, 입학축하금은 조합원 중 극히 일부에 해당되는 점을 이유로 해당 조건을 거부하였다. 또한 노동위원회 조정 신청을 예고하고 자리를 떠났다.

4) B 사의 A 노조 위원장 면담 요구

B 사는 A 노조에 공문을 보내 A 노조 위원장과의 개별 면담을 요구하기로 하였다. A 노조 위원장에게 A 노조에서 원하는 실질적인 요구사항을 확인하고 그 내용을 수용하기 위한 방법을 모색한다는 취지에서다.

A 노조는 B 사가 요구하는 위원장 면담을 일단 거부하였다. 대신, B 사가 임금교섭을 진행하려는 의지를 보였다는 것으로 보아, B 사가 추가적인 임금교섭을 요구할 경우 검토하겠다고 답하였다.

5) A 노조의 노동위원회 조정신청

A 노조는 한편으로 쟁의권을 확보하는 동시에 B 사에 인상률을 높이도록 압박하고자 노동위원회 조정신청을 진행하였다. 혹시나 추후 쟁의행위까지에 도달하지 못한다 하더라도 적어도 관계기관의 조정을 받는 동시에 조합원들에게 노조가 최선을 다하여 단체교섭권을 행사하며 임금교섭을 위하여 노력하고 있다는 모습을 보일 수도 있기 때문이다. 이는 C 노조의 영향력을 배제하고자 하기 위함도 있다.

6) 노동위원회 조정 개최

A 노조의 조정신청으로 B사가 미처 10차 임금교섭을 요구하기도 전에 조정회의가 개최되었다. 먼저 조정회의에서 주심위원은 A 노조와 B 사를 개별 면담하였다.

A 노조는 임금인상률 5%와 식대 2만원 인상을 요구하였고, B 사는 임금인상률 4%와 1주 5시간 연장근로를 요구하였다. 이에 A 노조는 1주 5시간 연장근로는 당연한 근로의 대가이므로 식대 2만원 인상이 없으면 수용할 수 없다는 입장을 밝혔다.

재개된 조정회의에서 B 사는 A 노조의 식대 2만원 인상을 수용하여 결국 식대 2만원 인상, 1주 5시간 연장근로에 대하여는 당사자가 모두 합의하였다. 다만 임금인상률 인상에 대한 이견은 좁혀지지 않았다.

조정위원은 임금인상률에 대한 의견차가 크다고 판단하고 양 당사자에게 추가 교섭을 권고하며 조정 결렬을 선언하였다.

표 2.3.4 노동위원회 조정결과

조정회의 쟁점	A 노조	B 사	조정 결과
기본급 인상률	7%	4%	합의 불가
식대	2만원 인상	불가	합의
추가 사항	-	1주 5시간 연장근로	합의

7) 조정 결렬 이후 당사자별 상황

A 노조는 조합원들에게 그간 교섭과정을 설명함과 동시에 쟁의행위 가능성에 대하여 조합원의 의견을 수렴하였다. 과반수 찬성에 대하여 확신할 수준은 아니었다. 다만, A 노조 간부들은 투쟁의 필요성에 대하여 재차 강조하였다. 또한 조끼 투쟁 등 조합활동 방안을 강구하였다.

많은 조합원들이 임금교섭 지연에 대한 피로감을 호소하며 임금인상률 4.5% 절대 고수를 요구하고 있는 점을 확인하였고 대신 식대 2만원 인상에 대한 조합의 노력에 대해 일부 인정을 받기도 하였다.

B 사는 내부적으로 지주사로부터 쟁의행위가 발생하지 않도록 임금교섭을 진행하라는 의견을 전달받았다. 노동위원회 조정 결렬 이후 A 노조가 쟁의행위 찬반투표를 진행하여 파업을 할 가능성도 열린 상황에서 쟁의행위는 지주사 역시 부담이 되는 상황이다.

이에 B 사는 지주사에 재정상황 상 최대 임금인상률 5%이 가능한 점을 설명하고, 최대한 5% 이하로 관철할 것이라 하고 결재를 얻었다.

A 노조의 쟁의행위가 개시될 것을 염려한 B사의 교섭 요구로 10차 교섭이 이루어졌다. A 노조의 쟁의행위 찬반투표 가능성 소식을 접하였기 때문이다.

A 노조는 교섭 초반 그간 교섭 지연상황에 대한 문제제기의 일환으로 교섭거부의 부당노동행위 구제신청, 쟁의행위 돌입 가능성을 언급하였다.

또한 B 사가 지난 해에 3% 인상률 합의 이후 올해 인상률 상승을 고려해주기로 한 점도 지적하였다. A 노조는 기본급 인상률 5%를 고수하였다. B사의 이윤이 10%나 발생하였음에도 불확실한 투자계획만을 이유로 임금인상률을 맞춰주지 않는다는 것은 수긍이 되지 않는다는 것이다.

B 사는 기본급 4.5%의 임금인상률을 제시하며, 대신 1주 5시간 연장근로 근무자에게 법정 기준인 150%가 아닌 200%의 가산수당을 적용할 것을 제안하였다. 이를 연간 총금액으로 환산할 경우 임금인상률 5% 적용과 맞먹는 수치였다.

이는 아직 확정되지 않은 설비 자동화 계획, 가산수당 50% 추가 지급은 연장근로에 따른 수당 지급이므로 지주사에 대해 임금인상률은 최소화하였다는 명분 등을 고민한 결과였다.

A 노조는 연장근로수당 50% 추가로 인한 총 파이 증가 및 평균임금 증가 등을 고려하고, 조합원들이 동의하였던 4.5%의 임금인상률을 고려하여 연장근로 1주 5시간에 대한 가산수당 200%, 4.5% 인상률에 동의하였다.

결국 A 노조와 B 사는 A 노조가 B 사의 최종 제시안을 수용하게 되어 노사분규 없이 임금협약을 체결하게 되었다.

표 2.3.5 임금교섭 최종 합의내용

쟁점	A 노조	B 사	결과
기본급 인상률	7%	4%	4.5%로 합의
식대	2만원 인상	2만원 인상	합의안 유지
가산수당	-	1주 5시간 연장근로 200% 가산	합의

5 갈등협상의 특징과 교훈

1) 특징

(1) 당사자 입장

임금교섭 등 노조와 회사 간 집단적 노동관계는 개별 노동관계에 비하여 당사자 간 살펴야 할 상황이 매우 다양하다. 특히 본 사안에서 A 노조는 제2노조인 C 노조의 성장세를 염두에 두는 동시에 작년도 3%의 임금 인상률 대비 높은 인상률 또는 임금액 증가를 확보하여야 하였으며, B 사는 서비스업 특성 상 인력 투입을 통한 기업 운영이 필수적이고, 향후 설비투자 계획이 구체화되지 않아 당장 인력 공백을 대체하기 불가하였다는 특징이 있다.

(2) 당사자 간 관계

A 노조는 5년여 간 B 사의 과반수 노조로서 B 사와 지난 기간 동안 신뢰관계를 바탕으로 대화와 타협을 이끌어온 경험이 있다. 즉, 상호간 배려와 이해의 관계가 유지되고 있는 상황인 점도 본 사안의 임금교섭에서 작용하였다.

(3) 협상스킬을 활용한 교섭 진행

본 사안의 당사자는 각각 충실하게 내부의견을 수렴하여(A 노조 : 조합원 의견, B 사 : 지주사) 교섭에 임하였고, 교섭 과정에서 상대방에 대한 압박(A 노조 : 쟁의행위 가능성 시사, B 사 : 시장상황, 향후 설비 투자계획 등) 또는 새로운 조건 제시 등으로 교착 상황을 타개하고자 하였다.

(4) 내·외부 이해관계를 고려한 합의 모색

A 노조와 B 사는 상대방이 새로운 교섭조건을 제시하거나 반대 의견을 밝힐 때, 이에 대한 내부적인 수용도, 빠른 상황판단, 실질적 이익을 고려하여 교섭 타결이라는 합의를 도출하였다.

(5) 최선의 합의점 마련

교섭 과정에서 B사의 교섭안 미 제시 기간이 일부 길었다거나 담당자 교체에 따른 인수인계 등으로 교섭이 지연된 점이 있었으나, 결과적으로

양 당사자가 각각의 최저양보선을 고수하며 최적의 결과를 모색한 것이라 할 수 있다.

2) 교훈

(1) A 노조의 협상력 강화 조치 미흡

A 노조는 B사가 교섭을 지연하는 모습을 보였을 경우, 곧바로 조정신청을 하거나 게시물 부착, 유인물 배포 등 조합 활동을 수행하는 방식으로 즉각적인 판단을 통해 B 사가 제시안을 들고 협상테이블로 나오도록 유도, 유인할 필요가 있었다.

(2) B사의 지연 대응으로 인한 A 노조의 감정 악화 유발

반면 B 사는 지주사와의 관계라는 특성이 있더라도 A 노조에 제시할 교섭안을 보다 빠르게 들고 나오거나, 최소한 내부 논의를 이유로 A 노조에 양해를 구하고 교섭시기를 일부 미뤄 A 노조로 하여금 부당노동행위 등 법적 문제 제기 가능성 또는 감정적 반응을 초래하지 않는 등으로 교섭에 임하는 상대방에 대한 배려를 하면 어땠을까 한다.

(3) 노사관계의 특징, 관련 법규 준수, 관계성 고려의 중요성

노사관계는 협상의 개념, 기술과 더불어 법적, 제도적 요건을 꼼꼼히 검토하고 상대방의 제안에 어떻게 반응하여야 할지, 제안이 어떠한 의미를 가지는지 명확하게 판단하여야 한다. 특히 노동조합은 대·내외적으로 많은 관계가 존재하므로 실익과 명분을 적절히 조화할 수 있는 방향이 바람직하다.

(4) 객관성, 공정성 확보를 위한 조정 절차 활용

A 노조와 B 사가 내부적으로 임금교섭을 타결하지 못하고 노동위원회 조정절차를 거치긴 하였으나, 이 역시 협상의 방법으로 제3자의 판단을 통해 당사자 간 교섭안의 적정성을 검토 받는 것도 바람직하다. 이는 노조법상 쟁의행위 개시 이전 형식적 요건으로 조정 절차를 거치도록 한 취지에도 부합하는 것이라 하겠다.

사례 4
단시간근로자의 수당·복지 차별 분쟁해결 사례

이 사건 근로자들은 이 사건 사용자가 비교대상근로자에 비하여 자신들에게 근속수당과 맞춤형복지비를 지급하지 않은 것은 합리적인 이유 없는 차별적 처우에 해당한다며 2018년 1월 *일에 S 지방노동위원회(이하 '초심지노위'라 한다)에 차별시정을 신청하였다. 초심에서 내려진 판정을 당사자들이 수용하지 않고 각각 재심을 신청하였다. 사용자는 재심 판정에 불복하여 서울행정법원에 행정소송을 제기하였지만 기각되어 패소하였다.

1 분쟁의 배경

S 교육청 산하에 공립초등학교(S 학교라 함)가 약 100여개 운영되고 있다. S 학교에서는 주당 20시간의 시간제 돌봄전담사로 근무하고 있다. 돌봄전담사는 초등학교에 배치되어 돌봄교실 프로그램의 운영과 아동의 보호, 교실관리, 관련 보고, 기타 돌봄교실 관련 업무를 담당한다. 채용요건은 유·초·중등 교사 또는 보육교사 2급 이상 자격소지자를 원칙으로 하고 있다.

초등 돌봄교실은 2004년 방과 후 교실로부터 시작되었으며, 맞벌이,

저소득층, 한부모 가정 등의 초등학생 자녀 중 돌봄이 필요한 학생을 대상으로 방과 후 운영하고 있다. 돌봄전담사는 전일제 돌봄전담사(이하 '전일제 전담사'라 한다)와 시간제 돌봄전담사(이하 '시간제 전담사'라 한다)로 구분되며, 각각의 소정근로시간은 다음과 같다.

표 2.4.1 돌봄전담사 소정근로시간 비교

구분	전일제 전담사	시간제 전담사
주 소정 근로시간	40시간	20시간
1일 근로시간	8시간(휴게시간 1시간)	4시간(휴게시간 30분)
시업·종업시간	11:00~20:00	12:30~17:00

주: 돌봄전담사의 근로시간은 위 시간을 기준으로 하되, 학교별로 하교시간을 고려하여 탄력적으로 정할 수 있으며 학교별 여건에 따라 22:00까지 운영할 수 있다.

S 학교 소속의 교육공무직원의 급여는 기본급 및 처우개선수당으로 구성되며, 처우개선수당은 교통보조비, 근속수당, 명절휴가비, 정기상여금, 가족수당, 자녀학비보조수당, 급식비 등으로 구성되어 있다.[17]

표 2.4.2에서 보는 '교육공무직원 처우개선수당 업무지침'은 교육공무직인 무기계약직근로자, 기간제근로자, 단시간근로자를 지급대상으로 하여 처우개선수당의 적용 공통기준, 적용제외, 지급방법, 지급액, 종류에 관해 규정하고 있다.

표 2.4.2 교육공무직원 처우개선수당 업무지침(발췌)

2. 공통 적용기준
가. 공통기준
1) 적용기준일: 각급 학교는 2017. 3. 1.(행정기관은 2017. 1. 1.)
2) 지급대상(①항 또는 ②항 충족)
① 적용기준일로부터 근로계약 기간 또는 계속 근로기간이 1년 이상이며, 1주

간의 소정근로 시간이 40시간 이상으로 급여를 월급제로 적용받는 근로자

② 적용기준일로부터 근로계약 기간 또는 계속 근로기간이 1년 이상이며, 1주 간의 소정근로 시간이 40시간 이상으로 급여를 일급단가(58,740원 또는 52,610 원)로 적용받는 근로자

3) 적용예외

② 급식비(월 8만원)는 공통기준을 적용하지 않고 별도기준 적용: 1주당 소정 근로시간이 20시간 이상이며, 지급 기준일이 속한 달의 근무일이 15일(유급일 포함) 이상인 자

나. 지급대상 예외자

3) 기준일로부터 근로계약 기간이 1년 미만 및 기준일 이전 계속 근로기간이 1년 미만인 근로자<2017. 12월 개정 시 삭제>

4) 근로계약기간 또는 계속근로기간이 1년 이하이어도 1주간 소정근로시간이 40시간 미만인 근로자<2017. 12월 개정 시 삭제>

<처우개선수당 요약>

구분	수당명칭	지급액	지급기준일	비고
임금	교통보조비	월 6만원	매월	-
	근속수당	월 3만원~60만원(근속연수 1년 이상자)	매월 (2017. 10월부터)	-
	명절휴가비	연 100만원(추석, 설 각각 50만원)	연 2회	지급기준일 현재 재직 중인 자
	정기상여금	연 60만원(2017. 8월 25만원, 2018. 1월 35만원)	연 2회	지급기준일 현재 재직 중인 자
급식비	가족수당	○배우자: 월 4만원 ○부양가족: 월 2만원 ○자녀: 월 2만원(셋째 자녀부터 가산금 별도)	매월 (2017. 9월까지)	부양가족이 있고 지급기준일 현재 재직 중인 자
		○배우자: 월 4만원 ○부양가족: 월 2만원 ○자녀: 월 2만원(둘째 자녀부터 가산금 별도)	매월 (2017. 10월부터)	

구분	수당명칭	지급액	지급기준일	비고
	자녀학비보조수당	연 1,868,320원 한도	분기	고등학교 취학중인 자녀가 있는 자
	급식비	월 8만원	매월	1주당 소정근로시간 20시간 이상, 지급기준일이 속한 달 근무일 15일 이상인 자

S 학교 사용자가 시달한 교육공무직원 처우개선수당 업무지침은 근속수당의 지급기준·지급방법·경력산정 방법 등을 표 2.4.3와 같이 규정하고 있다.

표 2.4.3 교육공무직원 처우개선수당 업무지침(근속수당 관련)

[근속수당 지급]

1. 지급기준(단위): 공통기준 적용(매월)
3. 지급액
 가. 2017년 9월까지: 3년 이상 재직자부터 1년 단위 월 2만원씩 월 5만원부터 최대 월 35만원

근속연수	3년 이상	4년 이상	5년 이상	6년 이상	7년 이상	8년 이상	9년 이상	10년 이상
지급액(천원)	50	70	90	110	130	150	170	190
근속연수	11년 이상	12년 이상	13년 이상	14년 이상	15년 이상	16년 이상	17년 이상	18년 이상
지급액(천원)	210	230	250	270	290	310	330	350

나. 2017. 10월부터: 1년 이상 재직자부터 1년 단위 월 3만원씩 월 3만원부터 최대 월 60만원

근속연수	1년 이상	2년 이상	3년 이상	4년 이상	5년 이상	6년 이상	7년 이상	8년 이상	9년 이상	10년 이상
지급액(천원)	30	60	90	120	150	180	210	240	270	300

근속연수	11년 이상	12년 이상	13년 이상	14년 이상	15년 이상	16년 이상	17년 이상	18년 이상	19년 이상	20년 이상
지급액 (천원)	330	360	390	420	450	480	510	540	570	600

6. 근속수당 지급을 위한 경력산정 방법

 가. 경력산정 기준일: 각급 학교는 매 학년도 3. 1. 및 9. 1. 기준

 ※ 경력산정 기준일을 경과하여 근속연수 3년이 도래되는 경우 근속수당 지급은 차기 경력산정 기준일(매년 3. 1. 및 9. 1.) 이후 지급

 ※ 2017년 임금협약에 따른 근속연수 1년 이상~3년 미만자에 대한 근속수당 지급

  ⇒ 2017. 9. 1. 기준 근속연수 1년 및 2년이 도래하는 경우, 2017년 10월분 급여부터 근속수당 지급

 나. 전임경력 인정범위

 직종과 계약 기간에 상관없이 S학교 소속 관내 공립 유치원, 공립 및 사립 초·중·고·특수학교, 공립 교육행정 기관에서 교육공무직원으로 주 40시간 이상 근무한 경력(단, 사용자가 우리 교육감이 아닌 타 시·도 교육청 경력 미인정)

 다. 불인정 경력

 2) 사용자가 교육감이 아닌 용역 및 위탁 등의 외부업체를 통해 근무한 경력 제외

S 학교 사용자는 매년 1월 1일 기준으로 근속기간이 1년 이상이고 주 40시간 이상 근로하는 근로자를 대상으로 맞춤형복지비를 연 1회 부여하며, 근속기간이 1년 미만인 근로자나 1주 소정 근로시간이 40시간 미만인 단시간근로자는 적용이 제외되었다. 맞춤형복지비는 총 350P(1P는 1천원) 복지점수에서 단체보험료(2017년의 경우 입원의료비 선택 시 남자는 252,360원, 여자는 163,420원, 입원의료비 미선택시 남자는 110,760원, 여자는 69,970원)를 제외한 잔여점수로 자율항목을 배정하는데, 자율항목은 근로자가 해당 연도 내에 이를 사용하고 영수증 등 증빙자료를 첨부하여 비용을 청구하는 방식으로 운영된다. 해당 연도에 사용하지 못한

맞춤형복지비는 반환되거나 이월되지 않으며 소멸된다. 이 사건 사용자는 2017년 맞춤형복지비를 2017. 5. 30.에 배정하였다.

S 학교 사용자는 2004년 방과 후 학교로 시작할 당시에는 돌봄전담사를 1일 8시간 근로하는 조건으로 채용하였다. 그러나 2013년 감사원 감사에서 "돌봄교실이 방과 후에만 운영되는데도 전일(1일 8시간) 근무로 채용하는 것은 인건비 낭비"라는 지적을 받았다. 이 사건 사용자는 감사 결과에 따라 2014년 이후부터는 13:00부터 17:00까지 근무하는 시간제 전담사만 채용하고 있다.

S 학교 근로자들은 2016. 9. 8. 이 사건 사용자와 전국학교비정규직연대회의(이하 '전국학비연대'라 한다) 간 체결한 임금·단체 협약서에 따라 2016년부터 교통보조비, 정기상여금 및 명절상여금을, 2017. 1. 1.부터 가족수당과 자녀학비보조수당을 지급받게 되었다.

S 학교 사용자는 2017. 12. 15. 전국학비연대와 2017년 임금협약을 체결하면서, 시간제 전담사에게도 2018. 3. 1.부터 근속수당과 맞춤형복지비를 지급하기로 하였다. 시간제 전담사에게 지급되는 처우개선수당의 지급액 및 지급시기 등은 표 2.2.4와 같다.

표 2.4.4 2018. 3. 1. 현재 시간제 전담사 처우개선수당 지급현황

구분	급식비	교통보조비	명절휴가비	정기상여금	가족수당	자녀학비보조수당	근속수당	맞춤형복지
지급액(천원)	80	30	1,000	30	40	1,868	15	225
시기	2016. 3. 1.	2016. 3. 1.	2016.	2016. 하반기	2017.	2017.	2018. 3. 1.	2018. 3. 1.
지급방식	전액지급	비례지급	전액지급	비례지급	전액지급	전액지급	비례지급	비례지급

S 학교 근로자들이 비교대상근로자로 선정한 전일제 전담사는 이 사건 사용자 산하의 학교에서 1일 8시간, 1주 40시간을 근무하면서 돌봄교실 프로그램의 운영과 아동의 보호, 교실관리, 관련 보고 등 이 사건 근로자들과 동종·유사한 업무를 수행하고 있다. 비교대상근로자의 적정성에 대하여 당사자 간 다툼이 없다.

S 학교에서 전일제 전담사만 근무하는 시간은 아동 입실 전인 11:00~12:30과 저녁 돌봄 시간대인 17:00~20:00이다. 오전 시간대에는 돌봄 업무는 없고 통상 행정업무를 수행한다. 저녁 돌봄시간은 일부 아동만 남아 학습지도나 프로그램 운영은 하지 않는 개별 자율 활동 시간이며, 전일제 전담사는 아동의 안전을 관리하면서 행정업무를 수행한다.

S 학교 근로자들과 전일제 전담사의 주된 업무는 '방과 후 아동돌봄'으로 동일하다. 전일제 전담사는 통상 돌봄교실 예산 집행, 업무관리 기안, 물품구입 및 간식 주문, 돌봄교실 현황보고, 방과 후 프로그램 강사 채용, 지역돌봄 협의체 위원 활동 등의 업무를 추가로 수행한다. 다만, 일부 학교에서는 전일제 전담사가 추가로 수행하는 업무 중 일부를 시간제 전담사도 수행하고 있어 이들 간의 업무분장은 학교별로 차이가 있다.

S 학교 근로자1과 비교대상근로자의 급여를 2015년부터 연도별, 항목별로 비교하면 표 2.4.5와 같다.

표 2.4.5 이 사건 근로자1와 비교대상 근로자의 급여 비교(예)

구분	비교대상근로자					이 사건 근로자1				
	2015	2016	2017.3~8	2017.9	2017.10~2018.2	2015	2016	2017.3~8	2017.9	2017.10~2018.2
기본급 (천원)	1,676	1,727	1,727	1,727	1,787	838	863	863	863	893
근속 수당	-	-	50,000	50,000	90,000	-	-	-	-	-
급식비	40,000	80,000	80,000	80,000	80,000	40,000	80,000	80,000	80,000	80,000
교통비	60,000	60,000	60,000	60,000	60,000	-	30,000	30,000	30,000	30,000
정기 상여금	-	20,833	41,667	41,667	41,667	-	10,417	20,833	20,833	20,833
명절 휴가비	33,333	58,333	83,333	83,333	83,333	8,333	58,333	83,333	83,333	83,333
맞춤형 복지비	29,167	29,167	29,167	29,167	37,500					
수당 합계 (천원)	164,176	250,060	345,894	345,894	394,287	49,171	179,613	215,029	215,029	215,059
20시간/ 40시간	919,710	1,012,777	1,035,693	1,035,693	1,090,085					

※ 기본급, 교통비, 정기상여금은 근로시간에 비례하여 지급, 급식비와 명절휴가비는 근로시간과 관계없이 전액지급, 근속수당과 맞춤형복지비는 미지급

2 분쟁 당사자의 쟁점과 주장

1) 근로자들

근로자들은 K 등 197명(이하 '이 사건 근로자들'이라 한다)은 S 교육청

산하 초등학교에서 시간제(주 20시간) 돌봄전담사로 근무하면서 동종 또는 유사업무를 담당하는 비교대상근로자에 비하여 합리적인 이유 없이 근속수당과 맞춤형복지비를 차별 당하였다고 주장하는 사람들이다. 근로자들이 초심과 재심에서 주장하는 요지는 다음과 같다.

① 이 사건 근로자들은 주 20시간 근로하는 시간제 돌봄전담사로서 비교대상근로자인 주 40시간 근로하는 전일제 돌봄전담사와 동종·유사한 업무를 수행한다. 그럼에도 이 사건 사용자가 비교대상근로자에게는 지급하는 근속수당과 맞춤형복지비를 이 사건 근로자들에게 지급하지 않은 것은 단시간 근로를 이유로 한 합리적인 이유가 없는 차별에 해당하므로 시정하여야 한다.

② 이 사건 근로자 K 등 12명은 입사일 이전에 이 사건 사용자 소속의 다른 학교에서 근무한 경력을 누락하였으므로 이를 포함하여 근속수당을 지급하여야 한다.

③ 맞춤형복지비는 임금에 해당하고 단체협약에 따라 매년 지급하기로 확정되어 있어 계속적인 차별에 해당하므로 제척기간 기산점은 맞춤형복지비를 배정한 2017. 5. 30.이 아니라 초심지노위에 차별시정 신청을 한 날이므로 각하되어서는 안 된다.

2) 사용자

사용자 S 교육청(이하 '이 사건 사용자'라 한다)은 지방자치법에 의해 국가로부터 관할구역 행정권의 일부를 위임받은 지방자치단체이며, 지방교육 자치에 관한 법률 제2조 및 제18조에 따라 교육·학예 등에 관한 사무는 S 교육감이 관장하고 있다. 사용자가 초심과 재심에서 주장하는 요지는 다음과 같다.

① 매년 1. 1.을 기준으로 계속근로연수가 1년 이상이고 주 40시간 이상 근로하는 직원을 대상으로 맞춤형복지비를 지급한다. 설령, 맞춤형복지비를 지급하지 않은 것이 차별적 처우라 하더라도 차별적 처우가 있은 날은 2017. 5. 30.이고 2018. 1. 22. 차별시정 신청서를 제출하였으므로 제척기간 6개월을 도과하였다.

② 근속수당 산정을 위한 근무경력은 소정근로시간이 주 40시간 이상인 전임경력인 경우 포함되나 이 사건 근로자 K 등 12명은 주 40시간미만으로 전임경력이 아니므로 근무경력에 포함되지 않는다.

③ 근속수당은 세부 지급항목에 따라 유·불리가 나누어지고, 기본급, 급식비, 교통비, 정기상여금, 명절휴가비, 맞춤형복지비를 포함한 금품 총액을 기준으로 산정한 시간급 임금을 기준으로 각각 비교하여야 하는데 비교대상근로자에 비하여 이 사건 근로자들의 시간급 임금이 더 높으므로 불리한 처우가 존재하지 않는다.

당사자들 사이의 분쟁의 쟁점은 시간제(주 20시간) 돌봄전담사로 근무하면서 동종 또는 유사업무를 담당하는 비교대상근로자에 비하여 합리적인 이유 없이 근속수당과 맞춤형복지비를 차별 당하였는지 여부이다.

3 분쟁해결 과정: 지노위 초심에서 판정

이 사건 당사자들은 2018년 4월 *일 초심지노위 심문회의에 참석하여 아래와 같은 취지로 진술하였다

1) 근로자들

① 최근 판례에서는 맞춤형복지비도 임금으로 보고 있으므로 복지비 미지급은 계속적인 차별에 해당되어 제척기간이 경과하지 않았다.

② 2018년 맞춤형복지비는 2018. 3월에 부여하였으나 1월~2월에는 적용받지 못했다.

③ 명절휴가비, 정기상여금은 '지급기준일 현재 재직 중인 자'에게만 지급되도록 규정되어 있다. 따라서 이는 소정근로를 제공한 것 자체만으로 지급요건이 충족되는 임금항목이라고 볼 수 없다. 불리한 처우를 범주별로 비교한다면 기본급, 교통비, 정기상여금만을 대상으로 하여야 한다.

2) 사용자

① 전일제나 시간제나 채용 시 자격요건이 동일하고 업무의 동종·유사성에 다툼이 없다.

② 임금구성항목이 2018년에는 동일하나 2017년 이전에는 근속수당이 지급되지 않았고, 급식비와 명절휴가비는 전일제나 시간제나 근로시간에 관계없이 동일하게 지급되어 유·불리가 나뉘므로 범주화하여야 한다.

③ 맞춤형복지비는 계속근로연수 1년 이상자에게 지급하고 근속수당은 근무경력을 기준으로 지급하고 있다.

④ S학교 사용자가 제출한 사 제8호증 시급 임금비교표에 기재된 이 사건 근로자들의 입사일은 인사기록카드를 근거로 작성한 것이다.

⑤ S학교 근로자들이 입사일 전 돌봄사 근무경력이 있다 하더라도 사용자가 S 교육감이 아닌 타 시·도 교육청 교육감이거나 용역 및 위탁 등의

외부업체를 통해 근무한 경력은 인정하지 않는다.

⑥ 사용하지 않는 복지포인트는 현금으로 반환하지 않는다.

⑦ 맞춤형복지비의 복지포인트를 지급하지 않은 것은 교육공무직원 처우개선수당 업무지침에 지급기준이 주 40시간 이상자에게 지급한다고 되어 있기 때문이다.

3) 초심에서 판정

① 이 사건 사용자가 2016. 3월부터 2018. 2월까지 이 사건 근로자들에게 비교대상근로자에 비하여 근속수당을 지급하지 않은 것은 차별적 처우임을 인정한다.

② 이 사건 사용자는 이 사건 판정서를 송달받은 날부터 30일 이내에 이 사건 근로자들에게 차별적 처우로 지급하지 않은 근속수당에 해당하는 금전배상금으로 별지2 내역과 같이 총 48,995,000원을 각각 지급하라.

③ 이 사건 근로자들의 나머지 차별시정 신청은 각하한다.

4 분쟁해결 과정: 중노위 재심에서 판정

1) 재심 신청에 이르게 된 경위

초심지노위가 2018년 4월 *일 단시간근로자라는 이유로 비교대상근로자와 다르게 근속수당을 지급하지 않은 것은 합리적 이유가 없는 차별이라고 판정하였다. 이 사건 당사자는 각각 2018년 5월 *일 초심지노위 판정서를 송달받고 이에 불복하여 이 사건 사용자는 2018년 5월 *일 이 사건 근로자1 등 154명은 각각 2018년 5월 *일에 재심위원회에 재심을 신청하였다. 다만 이 사건 근로자2 등 33명은 재심을 신청하지 않았다.

2) 재심위원회의 검토

(1) 맞춤형복지비가 계속되는 차별에 해당하는지 여부

맞춤형복지비는 직무의 성실, 업무량, 업무의 난이도 등과는 무관하게 고용관계를 유지하고 근로를 제공하는 계속근로연수 1년 이상의 근로자들에게 소정근로만 제공하면 일률적·정기적으로 지급하는 임금이다. 이 사건 사용자는 맞춤형복지비를 2012년부터 매년 계속하여 예산을 배정하여 운용하고 있고, 사용자가 재량에 따라 지급하는 임의급여로 볼 수 없으므로 일회성 차별이 아니라 계속되는 차별이라고 할 수 있다. 복지포인트 예산배정일자는 이 사건 사용자와 학교간의 내부적 행정절차에 불과하고 2017. 1. 1.부터 2017. 12. 31.까지 사용할 수 있다. 따라서 맞춤형복지비는 임금으로서 계속되는 차별에 해당하므로 제척기간이 경과하지 않았다.

(2) 이 사건 근로자 18 등 12명의 입사일자가 잘못되어 근속수당 산정에 착오가 있는지 여부

근속수당 산정을 위한 전임경력 인정 기준은 '교육공무직원 처우개선수당 업무지침'에서 정하고 있는데 동 지침에서 전임경력은 교육공무직

원 직종과 계약기간에 상관없이 S교육청 소속의 초.중.고등학교 등 교육
행정기관에서 교육공무직원으로 주당 40시간 이상 근무한 경력이라고 규
정하고 있고, 비교대상근로자인 전일제 돌봄전담사의 경우에도 주당 20
시간 근무한 경력은 이를 전임경력으로 인정하지 않고 있는 점 등에 비추
어 이 사건 근로자18 등의 주장은 이유 없다.

3) 재심의 판정

① 초심지노회가 2018년. 4월 *일 이 사건 근로자들과 사용자 사이의
2018차별4 차별시정 신청 사건에 관하여 행한 판정 중 맞춤형복지비 부
분을 취소한다.

② 이 사건 사용자가 비교대상근로자에 비하여 이 사건 근로자 K 등
113명에게 2017년 맞춤형복지비를 지급하지 않은 것은 차별적 처우임을
인정한다.

③ 이 사건 사용자는 이 사건 판정서를 송달받은 날부터 30일 이내에
이 사건 근로자 K 등 113명에게 차별적 처우로 지급하지 않은 별지2의
맞춤형복지비를 각각 지급하라.

④ 이 사건 근로자들과 이 사건 사용자의 나머지 차별시정 재심신청은
기각한다.

4) 초, 재심 판정의 종합

이러한 쟁점사항에 대하여 양 당사자의 주장과 재심위원회에 제출된
각종 입증자료의 기재내용 및 이를 토대로 재심위원회가 심문한 사항 등
을 종합하여 초심에서 인용한 내용과 재심에서 판정한 사항을 종합하여

판단하면 다음과 같다.

① 이 사건 사용자가 2016년 3월부터 2018년 2월까지 이 사건 근로자
들에게 비교대상근로자에 비하여 근속수당을 지급하지 않은 것은 차별적
처우임을 인정한다.

② 이 사건 사용자는 이 사건 판정서를 송달받은 날부터 30일 이내에
이 사건 근로자들에게 차별적 처우로 지급하지 않은 근속수당에 해당하
는 금전배상금으로 별지2 내역과 같이 총 48,995,000원을 각각 지급하
라.

③ 이 사건 사용자가 비교대상근로자에 비하여 이 사건 근로자 K 등
113명에게 2017년 맞춤형복지비를 지급하지 않은 것은 차별적 처우임을
인정한다.

④ 이 사건 사용자는 이 사건 판정서를 송달받은 날부터 30일 이내에
이 사건 근로자 K 등 113명에게 차별적 처우로 지급하지 않은 별지2의
맞춤형복지비를 각각 지급하라.

⑤ 이 사건 근로자들의 나머지 차별시정 신청은 각하한다.

5 분쟁해결 과정: 행정법원, 고등법원, 대법원 판결

노동위원회의 재심 판정에 대해 S 교육청은 승복하지 않고 서울행정법
원에 행정소송을 제기하였다. 2020년 8월 *일 서울행정법원은 노동위원
회의 재심과 같은 결론을 내리고 S 교육청의 소송을 기각하였다. 원래
재심 판정에 대해 불복하는 당사자는 누구든 행정소송을 제기할 수 있는

데 이번에 S교육청이 소송을 제기하였으므로 원고는 S 교육청이 되고 피고는 재심을 판정한 재심위원회가 된다. 서울행정법원이 S 교육청의 소송을 기각하고 재심위원회의 재심판정을 그대로 인용함으로써 시간제 돌봄전담사들이 근속수당과 맞춤형복지비를 지급받지 못한 것은 차별이라고 인정하였다.

맞춤형복지비에 대해 지노위에서 제척기간이 문제가 되었으나 중노위에서 제척기간이 도과하지 않았다고 판정하고 행정법원에서도 중노위의 판정에 손을 들어주고 S 교육청 소송을 기각하였다. 1심은 시간제 돌봄전담사에게 복지비를 전혀 지급하지 않은 것은 불리한 처우라고 인정했다. 또 시간제와 전일제의 일부 업무 형태가 다르더라도 이는 복지비 미지급에 대한 합리적인 이유가 아니라고 판단했다. 1심은 주 40시간 근무하는 전일제 돌봄전담사와 동일한 수준의 복지비를 지급해야 한다고 판단했다.[18]

S 교육청은 서울행정법원의 판정에 불복하고 중노위를 상대로 "차별시정 재심판정을 취소하라"며 서울고등법원에 항소를 제기하였다. 2020년 9월 *일 서울고등법원은 전일제 돌봄전담사가 받는 맞춤형 복지비의 절반에 해당하는 만큼만 시간제 돌봄전담사에게 지급하라고 판결했다. 재판부는 "시간제 돌봄전담사는 주당 근로시간은 20시간이고 전일제 돌봄전담사는 40시간을 근무해 45만 원(전일제)의 절반인 22만 5,000원을 지급하는 것이 타당하다"며 "이는 근로 조건을 근로 시간에 따라 비례적으로 적용한 결과로서 합리적인 이유가 있다"고 밝혔다.[19]

S 교육청은 다시 2심에 불복하고 대법원에 상고하였다. 시간제 돌봄전담사의 차별시정 사건에 대해 대법원에서 최종 판결은 계속 지연되다가 5년 5개월 만에 내려졌다. 그 주요 판결은 다음과 같다.

핵심 쟁점:
① 근속수당·맞춤형복지비 미지급이 불리한 처우에 해당하는지 여부
② 미지급 차별에 합리적 이유가 있는지 여부
③ 맞춤형복지비 차별시정신청의 제척기간 도과 여부

대법원 판정:
① 시간제들도 돌봄교실 1실을 맡아 행정업무를 수행했으며, 채용자격이나 조건, 절차도 동일하다. 근속수당·맞춤형복지비 미지급이 불리한 처우에 해당한다.
② 시간제 돌봄전담사에게 근속수당과 맞춤형복지비를 지급하지 않은 차별에 합리적인 이유가 있다고 보기 어렵다.
③ 맞춤형복지비 미지급이 '계속되는 차별적 처우'에 해당하므로 차별 종료일로부터 6개월 이내 시정을 신청했다면 제척기간을 준수했다.
④ 다만 2017년에 한해 시간제에 지급할 맞춤형복지비는 전일제가 받은 복지비의 절반만 지급하면 된다며 S 시의 일부 승소로 판결했다.

6 분쟁해결의 교훈

   노동분쟁은 분쟁당사자의 규모에 따라 집단적 분쟁과 개별적 분쟁으로 나누어지고 근로자의 권리 발생이냐, 발생된 권리의 해석과 적용이냐에 따라 이익분쟁과 권리분쟁으로 구분된다. 본 사례의 시간제 돌봄전담사는 학교비정규직노동조합에 가입하여 단체교섭에 참여하고 있고 차별시정의 권리분쟁을 집단적으로 신청하였다. 본 사례의 노동분쟁은 다수의

근로자가 노동법과 단체협약에 따른 권리의 적용 상 다툼에 해당하므로 집단적 권리분쟁으로 분류할 수 있다.

권리분쟁은 적용되는 법률과 협약을 어떻게 해석하고 적용하느냐에 따라 해결되는 법적 다툼이어서 당사자들 간에 협상으로 해결하기가 어렵고 법 적용의 판단으로 해결하는 구조이다. 그래서 본 노동분쟁은 근로기준법과 기간제 보호법에 의해 사건 근로자들이 차별시정을 구제받고자 초심지노위에 심판을 청구함으로써 시작되었고 초심에 사건 근로자와 사용자가 모두 불복하여 재심을 청구하여 판정을 받았다.

더 나아가서 노동위원회에서 본 사건이 종료되지 않고 사용자가 행정법원에 행정소송을 제기함으로써 법원 판결을 구하였다. 행정법원의 1심은 중노위의 재심판정을 인용하고 사용자의 소송을 기각하였다. 고등법원의 항소심 2심은 맞춤식복지비 미지급은 차별임으로 인정하면서도 근무시간에 비례하여 지급할 것을 판시하여 원고 일부 승소를 인정하였다. 다시 사용자가 대법원에 상고하였지만 2024년 3월에 2심의 내용을 그대로 인용하는 최종 판결을 받았다.

제도를 시행하면서 법률 적용을 엄격하게 검토하여 공정하고 차별이 발생하지 않도록 하면 이러한 법적 해석의 분쟁이 발생하지 않는다. 그러나 제도 시행상의 오류와 예산의 제약으로 인한 불완전한 제도 시행은 법적용상 해석의 다툼이 발생하기 마련이다. 노동문제에 관한 법률 적용상 다툼은 노동위원회가 담당하고 있기 때문에 권리분쟁은 심판사건으로 다루어진다. 그러나 흔히 사용자는 노동위원회가 근로자들에게 유리하게 법을 적용하는 경향이 있다고 판단하고 법원에 소송을 제기하여 판결을 받아보려고 한다. 본 사건도 행정법원, 고등법원, 대법원의 3심제를 모두 사용함으로써 결국 노동위원회 2심을 포함하여 총 5심의 심판을 거치는 장기적 분쟁해결 과정을 거치게 되었다.

 이 사건의 근로자인 시간제 돌봄전담사를 시행하면서 전일제 돌봄전담사가 수령하고 있는 보상의 각 요소를 어떻게 적용할지 사전 법적 검토를 충분히 했더라면 이러한 분쟁이 발생하지 않았겠지만 아마도 법해석의 자의성이나 예산 제약으로 차별적 요소를 제공한 것으로 보인다. 법적 분쟁으로 치닫게 되면 대법원의 최종 판결을 받을 때까지 중단하지 않고 계속 소송에 매몰될 수 있다. 법원의 1심이나 2심에서 쉽게 승복하는 것은 제도 시행의 오류를 스스로 인정하는 것이 되므로 중도에서 포기하지 않고 대법원의 최종 판결을 받고자 한다.

 시간제 돌봄전담사의 차별시정 분쟁사건이 2018년 초부터 5년 이상을 끌어왔다. 사용자가 대법원에서 최종적으로 패소하고 일부 승소해서 미지급 분에 대해 예산을 편성해야 하고 그 결과에 대해 담당자의 책임도 따라야 할 것으로 예상된다. 그래서 담당자로서는 자신이 해당부서에 재직할 동안 본 사건이 결론이 나지 않고 연기되는 것이 가장 안전하다. 그래서 공공기관의 경우 주인-대리인 문제(Principle-Agent Problem)가 발생하게 된다. 주인을 대신해서 의사결정을 할 경우 대리인은 자신의 이해관계를 가지고 주인의 이해관계에 반하는 행동을 할 수 있다는 이론이다. S 교육청은 신속하게 분쟁을 해결하고 분규 없는 노사관계를 정립해가는 것이 바람직하다. 그러나 시간제 돌봄전담사 차별시정 사건을 담당하는 대리인은 자신이 담당하고 있을 때 패소에 의해 불이익을 받지 않을 이해관계를 가지고 있어서 사건을 연기하여 피하고자 한다면 주인-대리인 문제가 발생하는 것이다.

 중노위 재심 유지율이 2022년 84.8%로 매우 높다. 이러한 통계에 의해서도 특히 공공기관이 중노위의 재심 판정에 극히 이의를 제기하는 것이 적절해보이지는 않다. 결과론적으로 보면 아직 대법원의 최종 판결은 2심을 그대로 인용했고 원고 일부 승소를 제외하면 중노위의 판정이 그대로 인용되는 모양새이다. 본 사건은 시간은 시간대로 끌고 학교 비정규직의 노사관계가 악화되는 결과를 초래하였다.

노동위원회는 노동문제에 관한 한 최고의 전문기관이다. 시간제 돌봄전담사들의 차별시정 문제를 판단함에 있어서 중노위의 재심을 존중하고 더 전향적으로 결정한다면 중노위 심판위원들의 의견을 들어 화해로 문제를 해결하였더라면 가장 바람직한 결과를 만들 수 있다. 분쟁해결 시간을 단축함으로써 소송비용과 관련한 인력과 인건비의 낭비를 줄일 수 있었다. 또한 화해로 결정되었다면 시간제 돌봄전담사와 그 소속 노조인 학교비정규직노조의 S 교육청과의 노사관계를 안정시키고 분규를 예방할 수 있었다. 그것은 또한 초등학생의 돌봄 업무의 차질을 만들지 않고 학부모의 불편함을 사전에 예방할 수 있었을 것이다.

결론적으로 교훈을 정리하면 다음과 같다. 첫째, 공공기관의 노동문제는 노동문제 전문기관인 중앙노동위원회의 판결을 수용하는 제도가 필요하다. 미국의 경우 공공부문의 노동문제는 연방조정알선청의 조치에 일임하고 있다. 둘째, 공공기관의 기관장은 주인-대리인 문제가 발생하지 않도록 관리, 감독하고 노사관계를 안정시키는 역할을 중시해야 한다. 기관장은 노사관계를 안정시키기 위해 신속한 노동문제해결을 도모해야 하고 노동조합과의 대화와 협상에 적극적으로 임해야 할 것이다. 셋째, 법적으로 판단을 받아봐야 할 사안들이라 하더라도 대안적 분쟁해결 (Alternative Dispute Resolution), 즉 협상, 조정, 중재를 적극적으로 활용하여 법적 해결 이전에 당사자들이 해결함으로써 노사관계의 안정과 개선에 기여함이 바람직하다.

부록 2.4.1 관련 근로기준법 및 기간제 보호법 조항

《근로기준법》
제2조 ① 이 법에서 사용하는 용어의 뜻은 다음과 같다.
　　8. "단시간근로자"란 1주 동안의 소정근로시간이 그 사업장에서 같은 종류의 업무에 종사하는 통상 근로자의 1주 동안의 소정근로시간에 비하여 짧은 근로자를 말한다.
　　제18조(단시간근로자의 근로조건) ① 단시간근로자의 근로조건은 그 사업장의 같은 종류의 업무에 종사하는 통상 근로자의 근로시간을 기준으로 산정한 비율에 따라 결정되어야 한다.
　　② 제1항에 따라 근로조건을 결정할 때에 기준이 되는 사항이나 그 밖에 필요한 사항은 대통령령으로 정한다
《기간제 및 단시간근로자 보호 등에 관한 법률》
제2조(정의) 이 법에서 사용하는 용어의 정의는 다음과 같다.
　　2. "단시간근로자"라 함은 「근로기준법」 제2조의 단시간근로자를 말한다.
　　3. "차별적 처우"라 함은 다음 각 목의 사항에 있어서 합리적인 이유 없이 불리하게 처우하는 것을 말한다.
　　　가. 「근로기준법」 제2조제1항제5호에 따른 임금
　　　나. 정기상여금, 명절휴가보전비 등 정기적으로 지급되는 상여금
　　　다. 경영성과에 따른 성과금
　　　라. 그 밖에 근로조건 및 복리후생 등에 관한 사항
　제8조(차별적 처우의 금지)
　　②사용자는 단시간근로자임을 이유로 당해 사업 또는 사업장의 동종 또는 유사한 업무에 종사하는 통상근로자에 비하여 차별적 처우를 하여

서는 아니 된다.

　제9조(차별적 처우의 시정신청) ①기간제근로자 또는 단시간근로자는 차별적 처우를 받은 경우 노동위원회법 제1조의 규정에 따른 노동위원회(이하 "노동위원회"라 한다)에 그 시정을 신청할 수 있다. 다만, 차별적 처우가 있은 날(계속되는 차별적 처우는 그 종료일)부터 6개월이 경과한 때에는 그러하지 아니하다.

사례 5
채용관련 성차별갈등 협상 사례

1 협상의 배경과 필요성

　헨리 박(Henri Park)은 재미교포로서 미국 LA에서 호텔을 운영하다가 5년 전에 한국으로 나와 강남의 고급양식집인 팔래스 레스토랑을 인수하여 운영하고 있다. 박 사장은 이익을 내는 실적우선주의이고 지배인이나 관리자급이 실적을 내지 못하면 바로 교체하는 악명 높은 오너 경영자이다.

　최근에 지난 1년간의 실적이 저조하다고 지배인을 교체하려고 공모에 들어갔다. 외부에서 2명이 신청하였으며 내부에서 이안실 과장이 지원하였다. 이안실 과장은 팔래스 레스토랑을 설립할 당시인 10년 전에 신입사원으로 채용되어 헨리 박으로 오너가 바뀌어도 열심히 일하는 직원이라 지금까지 일하고 있다. 계산과 홀관리는 완전 베트랑으로 훤히 다 알고 있어서 웬만한 사장이나 지배인이 모르는 부분까지 다 챙길 수 있는 경력이 쌓여 있어서 과장의 직책을 부여해주고 있다. 지배인들이 레스토랑 내부관리에 대해서는 이안실 과장에게 많이 의존하고 있다. 그러나 고객관리, 마케팅, 실적관리 등 지배인으로서 해야 할 경험은 별로 쌓지 못하였다. 박 사장이 인수한 후 5년간 무난히 홀을 관리하여 이번 기회에 지배인자리로 승진하고 싶은 마음이 간절하였다.

채용심사 결과에 의해 외부인 중 한 사람인 김선규라는 남자가 지배인으로 결정되었다. 김선규는 시청 근처의 작은 양식집의 지배인으로 3년 경력을 가지고 있는데 강남의 대형 레스토랑으로 옮기고 싶어서 지원하였다. 팔래스 레스토랑의 10년 근무한 이안실 과장은 매우 실망하였다. 자기의 레스토랑관리 경력이 누구보다 오래되고 그 전의 지배인들도 모두 자기에게 의존하는 터라 이제 지배인이 되고도 남는다고 생각하고 있었다.

채용결정 직후 이안실이 회사의 2인자인 박명일 전무에게 말해보았으나 공정하게 심사해서 결정되었다는 답변만 듣고는 몹시 화가 났다. 박전무는 박사장의 사촌 동생으로 한국에서 요식업에 이것저것 종사하다가 사촌 형의 레스토랑 인수 후에 전무로 발탁되어 들어 왔다. 이안실은 말이 과장이지 말단 직원 같은 대우를 받으며 계속 일하는 것이 비전이 없다고 보고 채용과정에 이의를 제기해야겠다고 작심하였다. 정 안되면 회사를 떠날 각오를 하였다.

박 사장이 평소에 실적을 강조하면서 가끔씩 여성을 비하하는 듯한 발언들을 하곤 했다. 어쩌면 박 사장이 남성을 우대하고 여성을 차별해서 그런 결정을 했을 수도 있다는 생각이 들어 소송을 제기하기엔 자신이 없지만 고용상 성차별 문제를 노동위원회에 제기하였다.

박 사장과 박 전무는 채용신청자 3명 중에 이안실 과장이 있는 것을 보고 오랜 자기 회사의 경력은 인정하였으나 실적을 내는 대외 마케팅경력이나 지배인경력이 없다는 이유로 1차 심사에서 탈락시켰다. 최종심사는 2배수로 하여 외부에서 신청한 2명이 심사를 받았다. 이안실 과장이 적극적으로 활동하는 성격이 아닌 점도 심사에서 제외시킨 이유이기도 하였다. 느닷없이 지방노동위원회에서 성차별사건으로 접수되었다는 통지를 받고 박 사장은 매우 불쾌하게 생각하였다. 오랜 경력을 생각하여 과장으로 대우해주고 있고 지배인 경력이 없어 제외시켰는데 성차별심판을 신청한 처사가 못마땅하였다.

2 협상의 준비

여기서는 헨리 박 사장의 입장에서 협상준비를 기술하려고 한다. 레스토랑의 평판도 있고 해서 박 사장은 노동위원회의 법적 절차를 취할 문제는 아니라고 생각하고 우선 이안실 과장과 대화로서 문제를 해결하기로 하였다. 1차적으로 박 전무를 통해 사실관계를 조사하고 이 과장이 어떤 입장인지도 확인해보도록 하였다. 그러나 이러한 사전 조사과정은 이 과장을 직접 만나기 전에 필요한 정보수집으로서 이루어져야 한다.

채용과정에 접수된 서류와 심사에 기록된 자료들을 모두 분석해서 사용자측의 대응방안을 마련하기로 하였다. 3명의 신청자의 서류와 심사평가 자료를 분석해본 결과 객관적 기준으로 상당히 공정하게 채용이 이루어졌다는 판단을 하였다. 채용 상 성차별적 요소를 발견하기 힘들었다. 다만 1차 심사에서 지배인 경력이 없는 이 과장을 탈락시킨 것이 사전 기준을 공지하지 않은 것은 내부 채용프로세스 상의 비밀이라 문제될 것은 없다고 판단하였다.

그 다음 정보수집은 이안실 과장에 대한 정보이다. 인사기록, 상벌, 교육, 특이사항 등을 분석하여 지배인 자질에 대한 판단을 하고자 하였다. 상벌의 기록은 없고 사원교육을 1년에 한두 번 받은 정도이고 성실하게 근무한 사원이라는 점은 인정이 되나 지배인으로서 교육이나 경력 등이 없어 외부 전문 지배인과 경쟁하기엔 자질이 부족한 것은 사실이었다.

이러한 정보의 토대로 박 사장은 이 과장이 성실히 근무한 사원임을 인정하고 어떤 것을 원하는지 알아보고 이왕이면 앞으로 잘 근무할 수 있도록 약간의 처우개선 정도는 고려할 생각이다. 그래서 잘 합의되어 노동위원회 구제신청을 철회하면 최상이고 만약 끝까지 합의가 안 되면 충분히 승산이 있으니 자료를 철저히 준비하여 노동위원회에서 판정을 받아보기로 하였다.

3 협상 과정

박 전무는 상황을 파악하기 위해 이 과장을 별도로 불러서 이야기를 들어보기로 하였다. 박 전무는 이 과장과 면담에서 이번 지배인공모 자리에 신청해서 감사하고 지배인 최종 합격에 들지 못해 아쉬움과 죄송하다는 말을 먼저 하였다. 혹 이 채용과정에서 본인이 느낀 점이 무엇인지 듣고 싶다고 하였다. 이 과장은 노동위원회에 구제신청을 해둔 상황이라 경계를 하면서 지난 10년간 열심히 레스토랑을 위해 일해 왔는데 외부에서 오는 지배인보다 자신이 더 잘 알고 잘 할 수 있는데 탈락되어 많이 실망하였다는 심경을 조금 밝혔다. 다시 박 전무는 이 과장의 심경을 이해한다며 위로의 말을 하였다.

제일 중요한 고용 상 성차별 문제를 염두에 두면서 박 전무는 여성으로서 성차별을 느낀 부분이 있느냐고 이 과장에게 질문하였다. 이 과장은 망설이다가 외부 지원자는 모두 남성인데 자신만 여성으로서 최종심사에 들지 못한 것이 여성으로서 불리한 처우를 받았다고 생각한다고 말했다. 평소에도 박 사장이 남성을 더 선호하는 발언들을 들었던 적 있다고 했다.

박 전무는 이 과장의 성차별이 어떤 사실에 근거하기보다 심정적으로 느낀 것이라고 생각되어 안도하고 심사과정과 심사기준에 대해 간략하게 설명하였다. 그 동안 정말 성실한 직원으로서 일해 줘서 매우 감사하게 생각하는데 지배인공모 기준에 지배인으로서 경력과 자질을 엄격하게 따져서 평가하였고 여성으로서 불리한 적용을 절대로 하지 않았음을 강조하였다. 그래도 이 과장은 충분히 납득이 되지 않은 표정이었다.

박 전무는 이 과장이 성차별 자체에 집착하는 것이 아니라 지배인 자격이 된다는 자신의 생각에 비해 결과가 매우 실망스럽다는 심정임을 파악하였다. 박 전무는 박 사장에게 건의해서 처우를 개선해줄 용의가 있는데 희망사항이 있느냐고 이 과장에게 물어보았다. 이 과장은 자신이 지배인이 될 수 있도록 해달라며 자기 친구들이 상당수 지배인을 하고 있다고 하였다. 박 전무는 이번에 공식적으로 지배인이 결정되었으니 다음 기회에 가능할 수 있도록 박 사장에게 건의해 보겠다고 무마시켰다. 그러면서 박 전무는 절대 성차별적인 부분이 이번 채용에서 없었으니 서운하더라도 노동위원회 구제신청을 철회하고 더 좋은 근무환경이 되도록 노력하자고 당부하였다.

박 전무는 이 과장과의 면담 내용을 박 사장에게 보고하고 향후 지배인 자격이 될 수 있도록 지원하는 제안을 해보자고 건의하였다. 그리고 2년간 연봉이 동결되었는데 약간 인상해줄 필요가 있다고 하였다. 이런 제안이 받아들여지면 이 과장이 노동위원회 구제신청은 철회할 것으로 보인다고 하였다. 박 사장은 여전히 미덥지 못하여 지배인으로 승격을 위해 지배인 자격증도 획득하고 마케팅과 업장 관리 등 지배인으로서 자질이 검증되어야 한다는 점을 강조하였다. 박 사장은 지배인의 교육과 자격증과 더불어 마케팅 능력을 어떻게 기를지를 본인과 협의하여 최종 자질이 검증되면 지배인 승격을 고려해보겠다고 하였다. 대신 연봉은 10% 인상을 해주고 2개월 후 새로운 연봉에 적용하겠다고 하였다.

박 전무는 박 사장의 결정과 지시사항들을 정리해서 이 과장에게 제안하였다. 이 과장이 지배인 자질이 검증되면 지배인 승격을 긍정적으로 검토할 것이라고 말하고 회사비용으로 교육과 자격증 취득을 지원하겠다고 하고 새로 연봉을 책정할 때 10% 연봉 인상을 해 주겠다고 박 전무는 말하였다. 박 전무는 노동위원회 구제신청으로 박 사장은 기분이 나빴으나 성실한 직원을 잘 활용하면 레스토랑을 위해서도 좋은 일이라 건의하였다. 다른 것은 지배인 자질 개발에 이 과장 본인이 노력하면 될 텐데 마케팅 능력과 경력을 어떻게 개발할 것인가가 관건이라고 박 전무는 우려하였다. 설사 이 과장이 지배인이 된다 해도 회사수익을 유지할 수 있도록 고객관리와 마케팅이 중요한데 이 부분을 가장 우려하였다.

이 과장은 박 사장과 박 전무의 제안이 매우 희망적이라고 보고 다음 지배인 자리를 약속한다면 여러 가지로 노력하겠다고 하였다. 그러나 박 전무는 지배인을 확정적으로 약속을 할 수가 없다고 하였다. 지배인자질에 맞아야 하고 외부 응모자와 경쟁해도 충분히 경쟁력이 있어야 승격을 시켜줄 수 있다고 하였다. 제일 문제가 고객관리와 마케팅인데 이 부분에 대해서는 지배인교육과 마찬가지로 회사가 교육비지원을 해준다면 마케팅교육도 받겠다고 했다. 그리고 다른 회사로 가서 지배인 경력을 쌓을 수는 없지만 자신이 10년간 업장 관리를 하면서 상당한 고객을 알고 있다고 하면서 지금부터 고객관리를 하면서 회사매출에 기여하겠다고 대안을 제시하였다. 박 전무는 괜찮은 제안이라 생각하고 다음 주 월요일에 사장과의 면담에서 최종 결정을 짓자고 말하였다.

   박 전무는 이 과장과 조율한 방안들을 박 사장에게 건의하고 몇 가지 질문에 대답한 후 그 방안대로 이 과장과 합의하는 것으로 결론을 내렸다. 박 전무는 이 과장에게 월요일 오전 10시에 사장실로 오라고 하였다. 박 전무는 연봉계약이 2개월 남았는데 새 연봉수준을 결정하여 새로운 연봉을 계약하는 서류를 가지고 사장실에서 이 과장과 간담회를 가졌다. 박 전무는 그 간의 협상에서 결정된 사항을 발표하고 이 과장이 연봉계약서에 서명하도록 하였다. 교육비 지원이나 고객관리와 같은 합의사항은 구두로 말하고 신의로 실천할 것을 부탁하였다. 박 사장은 오래 동안 레스토랑을 위해 성실하게 일해 온 이 과장의 노고를 치하하고 더 열심히 회사를 위해 일해 줄 것을 당부하였다. 이 과장도 회사를 위해 열심히 일한 보람이 있다며 앞으로 능력도 개발하고 회사수익에도 기여할 수 있도록 노력하겠다고 말하고 노동위원회 구제신청은 취하하겠다고 약속하였다.

   최종적으로 박 사장과 이 과장이 합의한 내용을 정리하면 다음과 같다. 이 중에서 연봉과 직함만 계약서를 작성하여 서명하였다.

   (서면 합의사항)

   -직원 이안실의 연봉은 2개월 후부터 현재 수준에서 10% 인상한다.

   (구두 합의사항)

   -회사는 이안실의 지배인자격증 개발과 마케팅능력 개발을 위한 교육비를 일정 한도 내에서 지원한다. 교육시간과 교육비용은 교육신청서를 검토하여 결정한다.

   -이안실은 고객관리를 자발적으로 노력하여 회사수익에 기여한다.

   -이안실은 지방노동위원회에 신청한 구제신청을 철회한다.

협상의 교훈

이 협상사례는 직원의 승진과 관련한 갈등이기도 하고 채용에서 성차별 갈등이기도 한 사례이다. 원래 내부 직원이 외부 공모절차에 들어가면 내부공모가 아니기 때문에 동등한 조건에서 채용심사를 하기 마련이다. 이안실 과장은 이 점을 충분히 생각하지 않고 외부 공모에 자신이 신청하여 탈락이 됨에 낙담하여 고용 상 성차별 문제를 제기하고 노동위원회에 구제를 신청하였다. 박 사장과 박 전무는 채용관련 서류를 모두 검토한 결과 성차별적 요소가 있었다고 볼 수 없으며 객관적 기준에 따라 처리되었기에 노동위원회 사건이라도 문제될 것은 없다며 자신감을 가지고 있다.

문제는 노동위원회에서 사건을 기각시키더라도 레스토랑의 이미지가 좀 실추되고 그 동안 성실하게 일해 온 직원을 잃을 수도 있고 다른 모든 직원들의 사기저하에도 나쁜 영향을 줄 것이라는 우려이다. 그래서 회사 측에서는 서로 대화로서 문제를 해결하고 노동위원회로 갈등을 확대하지 않는 것이 필요하다고 결론 내렸다.

이렇게 조직내부 갈등을 외부의 법적, 행정적 결정에 의존하는 것이 조직관리와 이미지에 나쁜 영향을 주고 선례를 만들기 때문에 자발적 해결을 선호하였다. 그래서 갈등해결에서 법적 권리(rights)를 따져 해결하기 전에 이해관계(interest)를 파악하고 충족하는 합의로 해결하는 방법이 서로의 관계를 유지, 발전시킬 수 있었다.

상대방을 이해하고 배려하는 대화의 기법들이 협상을 원만하게 합의로 이끌어가는 중요한 촉매제가 될 수 있었다. 만약 노동위원회 구제신청

후 박 사장과 박 전무가 이 과장과 대화를 하지 않고 있었다거나 이 과장을 불러서 문책성 대화를 했었더라면 자율적 해결이 되지 않고 결국 노동위원회에서 판정을 기다려야 했을 것이다. 이 사례에서 적극적 경청과 개방형 질문의 소통기법은 대화의 윤활유로서 건설적으로 협상을 이끌어 갈 수 있다는 점을 볼 수 있다.

사례 6
육아휴직 관련 노사갈등해결 사례

1 갈등의 배경

B 사에서 약 3년간 비서업무를 해오던 A는 최근 출산으로 인하여 일을 그만둔 경단녀이다. 최근 A는 시부모님의 도움을 받을 수 있는 점, 육아 안정기에 접어들어선 점에 따라 재취업을 하려고 하고 있다.

B 사는 제조업계 중견기업으로 이전 대표이사 비서의 퇴사로 인하여 새로운 비서를 구하고 있다. 이번 채용 시 기업의 사회적 책임을 도모하고자 경력단절여성을 채용하려고 하고 있으며, 근로시간을 유연하게 적용하여 채용할 비서의 육아생활편의 부여하고 워라밸(WLB)를 지원하려는 계획을 세우고 있다.[20]

A는 B사의 채용공고를 보고 집에서 거리도 가깝고, 하루 근무 시간도 타 회사 대비 짧은 점 등 매력을 느껴서 지원하였다. B사도 A의 재취업 및 장기근속의욕, 열심히 일하겠다는 의지를 높이 평가하여 A를 채용하였다.

그러나 최근 B 사는 A가 입사초기 열심히 하겠다는 태도, 장기근속에 대한 욕구, 경력직이라 말하였던 것과는 달리 근태가 불량하고 단순한 문서작업도 수행하지 못하여 A에 대한 불만이 상당하였다. 심지어 A는 지시 받은 업무를 못하겠다고 다른 직원에게 본인의 업무를 미루기까지하는 태도를 보이곤 했다. B사는 이에 더 이상 묵과할 수 없어 A와의 근로관계를 종료하려 하였다.

한편, B 사가 A에게 인사조치를 취하기 이전에 곤란한 일이 발생하였다. 왜냐하면 A가 입사한 지 6개월이 되는 시점에 이르러 육아휴직을 신청하여 B사는 매우 난처한 상황에 직면하였기 때문이다.

2 갈등 당사자의 쟁점과 입장

1) A의 입장

A는 B 사에서 입사 면접 당시 근무시간을 유연하게 하도록 배려해주겠다고 들었으며, 본인이 B 사 총무직원에게 보고를 하고 양해를 받아 퇴근시간 이전에 퇴근하였다고 회사 측에 말하였다.

더욱이 A는 본인이 업무 미숙 등이 있다 하더라도 별도로 B 사 대표이사 또는 총무직원 등으로부터 큰 지적을 받지 않았었고, 애초에 입사할 때도 인수인계를 받지 못한 상황도 참작해야 한다는 입장이었다.

뿐만 아니라 모성보호를 규정한 남녀고용평등법 상 6개월 이상 근무하면 당연히 육아휴직을 사용할 수 있으므로 A로서는 문제될 것이 없다고 생각했다.

2) B 사의 입장

B 사는 A에게 근무시간을 유연하게 조정해준다고 하였지, 맘대로 퇴근

하라고 한 것이 아니었다. 더욱이 B 사는 약 5개월 동안 A의 근태, 업무태도, 역량 등을 지켜보며 A가 제출한 이력서 상 경력과 달리 비서업무를 수행한 경력이 없거나, 비서로서의 능력이 매우 떨어진다고 평가하고 있었다.

A가 처리하지 못한 업무, 보고나 승인 없이 빨리 퇴근해버리는 상황 때문에 같은 부서의 총무직원이 극심한 스트레스를 호소하기에 이르렀다. 결국 대표이사는 총무직원을 통하여 A의 문제점을 당사자에게 전달하였다.

B 사가 A와의 근로관계를 어떻게 정리할지 고민하고 있던 중, A가 육아휴직을 신청하여 매우 난감하게 되었다. A가 육아휴직을 신청한 시점이 근무한지 만 6개월이 되는 때라 법적 요건을 갖추게 되었다.

이상의 갈등에서 나타난 쟁점과 당사자의 입장을 정리하면 표 2.6.1과 같다. 근로시간에서는 A는 근로시간을 유연하게 적용해준다고 알고 있으나 B사는 맘대로 퇴근하라고 한 것이 아니라고 했다는 입장이다.

표 2.6.1 갈등의 쟁점과 당사자의 입장

쟁점	A 사원	B 회사
근로시간	B 사가 근로시간을 유연하게 적용하여 준다고 하고 보고함	맘대로 퇴근하라고 한 것이 아님
근무역량	인수인계를 받지 못함	-입사 시 제시한 경력에 비하여 부족 -총무가 A의 업무를 대신하여 부담 과중
업무지적	별다른 지적이 없었음	총무가 지적함

근무역량과 관련해서도 A는 인수인계를 받지 못했다는 입장이고 B 사는 경력에 비해 역량이 부족하고 다른 부서원의 부담이 과중해진다고 주장하였다. 업무지적에 대하여는 A는 별다른 말이 없었다고 하나 B 사는 총무가 이미 지적했다는 입장이다.

3 갈등해결 및 협상 과정

1) 당사자 간 합의

B 사는 A가 신청한 육아휴직 예정일이 신청일로부터 2주 밖에 남지 않은 점을 고려하여 법적으로 30일 이전에 신청해야 하는 점을 근거로 일단 육아휴직 신청에 대하여 곧바로 승인을 하지는 않았다.

그리고 B 사 대표이사는 드디어 결심을 하고 A에게 면담을 요청하여 사직을 제안하였다. 대표이사는 현재 A의 업무태도, 역량이라면 A가 육아휴직을 다녀와도 해고 등 인사처리를 할 예정이라 A의 자리는 남아있지 않을 것 같다는 말도 전하였다. 도의적으로 A가 근무 중 잘못한 것이 많으므로 육아휴직 이전에 사직을 하면 어떠냐고 솔직하게 물었다.

A는 육아휴직을 하면 지원금을 받으며 육아에 집중을 할 수 있다. 사실 회사에 말한 것과 달리 시부모가 자녀의 육아를 지원하지 못하고, 아이 남편도 사업을 하느라 정신이 없다. 솔직히 당장 돈이 급해서 취업을 했던 것이다. A는 B 사 대표이사에게 육아휴직을 쓰게 해 달라며 사정을 설명했다. 또 한편으로는 육아휴직은 법적으로 근로자의 권리라고 압박하기

도 하였다.

B 사 대표이사는 A의 상황이 마냥 사직을 권고하기에 스스로도 내키지 않았다. 노무사의 자문을 구한 결과 노무사는 육아휴직을 부여하지 않고 해고시킬 수도 있으나, 이미 A가 육아휴직을 신청한 상황이라 육아휴직 신청을 이유로 해고한 것으로 오해 받아 육아휴직 중 해고 금지라는 법에 대한 위반 리스크도 존재한다고 하였다.

결국 B 사 대표이사는 A에게 육아휴직 시작일 이전까지 출근하지 않아도 월급을 부여하고, 육아휴직 기간이 종료되는 날 퇴사하기로 장래의 날을 지정한 사직을 제의하였고, A도 B 사 대표이사의 완강한 태도에 육아직 이후 근무할 수 없을 것 같다고 생각되어 육아휴직 이후 퇴사하기로 사직서를 작성, 제출하였다.

이후 B사는 A의 사직서를 수리하고, 잔여 연차유급휴가 정산, 인수인계, 송별회 등을 진행하였다. A도 B 사 대표이사 및 총무직원에게 미안함과 고마움을 느껴 선물을 하고 작별 편지를 남기기도 하였다.

이상의 육아휴직 관련 갈등을 해결하는 1차 협상의 과정을 정리해보면 표 2.6.2와 같다.

표 2.6.2 1차 협상 과정

구분	A 사원	B 회사
욕구	육아휴직 급여 수령, 근로관계 유지	A 자진 퇴사
초기 제안	육아휴직 급여 수령, 근로관계 유지	근태 지적, 자진 퇴사 요구
최저 양보	육아휴직 급여 수령	권고사직
BATNA	퇴사 거부 및 육아휴직 사용	A 해고 처분 및 정당성 주장
1차 합의	육아휴직 승인 및 휴직 후 퇴사 사직서 수리, 연차유급휴가 정산, 인수인계, 송별회	

2) A의 변심과 갈등 재 발생

A는 B 사와의 합의 이후 육아휴직 도중 계획하지 않았던 둘째 아이를 임신하게 되었다. 경제적으로 힘든 상황에 마냥 행복할 수만은 없는 일이었다. 그 도중에 B사 총무직원으로부터 연말정산 안내 연락이 오거나 해도 임신 사실을 쉽사리 알릴 수 없었다.

이후 A는 둘째 아이를 출산하고 B 사 총무직원에게 연락하여 첫째 아이 육아휴직기간을 멈추고 둘째 아이의 출산휴가를 신청하게 해달라고 하였다. 출산휴가수당이 육아휴직수당보다 많기 때문이다.

B 사는 A의 이러한 연락이 너무나 황당하고 어이가 없는 소식이라 여겼다. 출산 이전 임신사실을 알리지도 않았을 뿐만 아니라, 둘째 아이의 출산휴가를 처리해달라니 법적으로는 가능한 일이지만 A가 염치없다고 생각되는 건 어쩔 수 없었다. 그래도 법을 지켜야 하니 A 둘째 아이의 출산휴가를 처리하였다. 그러나 이는 시작에 불과했다. 문제는 A가 퇴사하기로 합의한 육아휴직 기간 종료시점에 다시 터졌다.

A는 B 사와 약정한 사직 일까지 둘째 아이의 출산휴가에 이어 육아휴직을 신청하겠다고 하였다. 그리고 퇴사사유를 권고사직이 아닌 회사의 육아휴직 거부로 해달라고 하였다. 그래야 추후 구직(실업)급여를 받을 수 있기 때문이다.

B 사는 A의 요구에 대하여 이는 사실이 아니므로 합의사항을 이행하라고 단칼에 거절했다. 참을 만큼 참았다고 느끼고 더 이상 A에게 끌려 다닐 수는 없었다. 결국 B 사는 약정된 사직 일에 권고사직을 사유로 A를 퇴사처리를 하였다.

A는 사직서를 썼기에 어쩔 수 없다고 느꼈다. 다만 사직 일에 퇴직금이 곧바로 지급되지 않아 당일 날 바로 노동청에 신고했다. B 사는 사직일

이후 14일 이내에 A의 임금, 퇴직금 등을 정산하면 되므로 기간 내에 퇴직금을 모두 정산하였다.

이후 A는 부당해고 구제신청 제척기간을 고려하여, 사직 일로부터 만 3개월이 되기 몇 일을 남겨두고 B 사를 상대로 부당해고 구제신청을 제기하였다. 합의가 재차 결렬된 것이다.

4 갈등협상 결과 및 합의

1) 자율 협상: 초기 합의 도달, 추후 결렬

A는 둘째 출산에 따른 육아휴직 연장의 필요성과 지난 권고사직 합의가 B 사의 압박에 따른 것이라 여기고 부당하다고 진술하였다. A는 사직서에 서명을 하고 인수인계를 한 것은 맞지만 솔직히 그러기 싫었기 때문이라 했다. A는 사직일로부터 만 3개월이 되기 바로 하루 전 부당해고 구제신청을 하였다.

B 사는 정식으로 대응하기로 했다. 더 이상 배려는 있을 수 없으며, A가 권고사직 합의를 파기한 것이 괘씸한 행위로 판단하였다.

표 2.6.3 갈등 당사자의 관계와 감정

구분	A	B
관계	초기 : 우호적 후기 : 경쟁적	초기 : 일부 존중 후기 : 경쟁적, 배타적
감정	사직서 서명 시 압박감을 느낌, 억울함	합의 파기에 대한 배신감, 분노

A와 B 사의 관계는 갈등 초기 우호적이거나 적어도 서로 존중하는 관계에서 A의 합의 파기 이후 서로의 입장을 관철하려는 경쟁적, 배타적으로 변하였다. 감정의 측면에서 A는 본인의 작성 당시 압박감, 억울함을 느낀 데 반해, B 사는 A의 합의 파기로 인해 배신감과 분노의 감정을 가지게 되었다.

2) 법적 분쟁과 화해

지방노동위원회에서 B 사는 A의 구제신청 기각 판정을 이끌어냈다. A의 근태불량 사실, 업무능력 부족이 인정되었고, 사직서가 자의로 제출된 것인 점, A가 먼저 적극적으로 잔여 연차, 퇴직금 정산을 요구하는 등 사직의 의사가 있다고 인정되었다. 실제로 A는 합의 이후 육아휴직 기간 중 B 사에게 복직을 요구한 적도 없었다.

이에 A는 다시 중앙노동위원회에 재심 신청을 하였다. 솔직히 B 사에 미안하기는 하지만 억울한 면도 없지는 않았다. 사직서는 B 사가 제안해서 쓴 것이지 정말 쓰고 싶어서 쓴 것은 아니기 때문이다. 노동위원회에서 본인의 구제신청이 기각된다 하더라도 판정절차에서 패소한 측에서 상대방 소송을 부담하는 등의 경제적 부담도 없기 때문이다.

중앙노동위원회는 A와 B 사의 화해를 권고하였다. A는 회사에게 300만원의 화해금을 요구하였다. 이 과정에서 B 사 대표이사는 더 이상 직원들이 A와의 분쟁에서 고생하는 것을 바라지 않았다. 패소를 염려하는 것은 아니지만 A가 소송을 제기할 수도 있다고 생각했다. B 사는 화해금 150만원을 제안했고 A는 곧바로 받아들였다. 이렇게 A와 B 사의 근로관계는 마무리되었다.

표 2.6.4 노동위원회 판정 과정과 결과

구분	A 사원 주장	B 회사 주장	판정 결과
1심 판정 (지방노동위원회)	-해고되었음 -사직서 작성은 B사의 압박에 의한 것	-당사자 간 진의로 약속한 근로관계 합의를 해지, -A 자필 사직서 작성 -A의 잔여 연차휴가 정산 및 퇴직금 정산 요구 -A는 합의 이후 육아휴직 기간 중 복직 요구한 적 없음 -구직급여 수급을 위한 고용보험 상실사유 변경만을 요구함	구제신청 기각
재심 판점 (중앙노동위원회)	-육아 등 인정에 호소 -최대한의 경제적 이익 확보	-법적 이의절차 담당하는 실무자 부담, -피로도 누적	화해 (B사가 A에게 150만원 지급)

요약하자면 1심 판정은 이 사건 근로관계 종료가 B 사의 주장대로 B 사와 A 간 근로관계 합의해지로 인정하였고, 재심 판정은 화해로 사건을 종료하였다. 결론적으로 B 사는 법적 이의절차 대응에 소요되는 실무자의 부담감과 피로도 누적을 고려하였고 A는 최대한의 경제적 이익을 확보하려는 니즈를 고려하여 합의금에 서로 합의함으로써 화해로 사건이 종료되었다.

5   갈등협상의 특징과 교훈

1) 특징

(1) 인사처리 지체

B 사는 A에 대한 실질적인 근로관계 종료(해고)의 사유가 존재함에도 불구하고 A의 근태 등 문제점을 일부 방치하는 등으로 A의 인사처리에 대한 결단을 내리지 못하였고, 결국 A와의 협상에 있어 유리한 시점을 놓치게 되었다. 이후 A가 남녀고용평등법 상 근로자의 권리인 육아휴직을 신청하게 되었다.

(2) 육아휴직 사유 오인

육아휴직을 이유로 한 해고처분이 금지되어 있다. 따라서 B 사는 A를 해고할 경우 A에 대한 해고 처분 사유가 근태 등 비위행위 때문이 아닌 육아휴직으로 오인될 가능성이 존재하기에, A의 요구사항을 일부 수용하여야 하는 상황에 처하게 되었다.

(3) 육아휴직 요건 협상

A가 신청한 육아휴직 급여 수령은 '근로관계'가 전제가 되어야 하나, B 사는 A와의 근로관계를 더 이상 지속할 수 없다고 판단한 바, 당사자 간 협상에 참여할 수밖에 없는 강력한 요인이 존재하였다.

(4) 당사자 간 감정 문제

A는 경제생활 유지라는 생계 문제, B 사는 문제 근로자 인사처리라는 조직 효율성 문제 등 각각 중대한 사안에 처해 있어, 양 당사자 간 감정문제와 입장차이가 상당하였다.

(5) 당사자 간 상호이해 부족

그렇다 하더라도 A와 B 사는 당사자 간 입장 및 욕구에 대한 배려나 이해하려는 노력이 부족하였고, 결국 쟁점인 근로관계 존속 여부라는 표면에만 몰두한 경직성이 있었다.

(6) 노동위원회 구제신청과 화해

A의 변심 때문이라 하더라도 결국 자체적 합의가 A의 번복으로 파기되고, A와 B 사는 노동위원회 구제신청 단계를 거치며 추가적인 시간, 비용이 발생하였으며, 당사자 간 감정대립이 더욱 심해졌다.

2) 교훈

(1) 회사: 협력적 자세로 근로관계 종료

B 사는 애초에 인사조치 대상자에 대한 신속한 의사결정 및 방향 정리가 필요하다. 즉, 문제 상황 발생 시 보다 적극적으로 해결방안을 모색할 필요가 있다.

또한 협상 과정에서 상대방의 이해관계를 이해하고 온건하고 경청하는 태도로 상대방과의 관계를 우호적으로 가져가야 한다.

물론 근로자의 잘못에 문제 상황이 발생하였다 하더라도 근로관계 종료는 근로자의 생계유지에 치명적인 사안이라는 점을 유념하고 원만한 근로관계 종료를 위하여 협력적 자세를 견지하여야 할 것이다.

(2) 근로자: 명확한 의사 표시와 협상 자세

A의 경우 우선적으로 근태불량 등 비위행위를 행하지 아니하고, 회사가 왜 본인에게 사직을 제안하는지 좀 더 수용적인 자세에서 경청할 필요가 있다.

물론 둘째 아이 출산이라는 새로운 이슈가 발생한 사정도 있으나, 합의 파기라는 극단적인 상황을 초래하지 않기 위하여 협상 과정에서 본인의 의견이나 아쉬움을 보다 명시적으로 피력하여야 할 것이다.

또한 만족스럽지 않은 결정이라 하여 무조건 효력이 부인되는 것이 아닐 수 있음을 고려하여 사직서 작성 등 문서 작성, 서명이 법적으로 상당히 중요한 효력 발생 요건임을 주지하고 신중을 기하여야 한다.

육아휴직 신청 본인에게 보장된 법상 권리라 하더라도, 본인의 비위행위 등 리스크를 고려하여 회사와의 우호적인 관계, 회사의 이해관계를 고려하여 협상에 임하는 자세가 요구될 것이다.

사례 7
징계와 부당해고 갈등해결 사례

1 갈등의 배경

근로자 A는 경기도 파주시 소재의 전자제품 공장에서 조립 생산직으로 근무하는 근로자이다. A는 본인만의 독특한 정의감을 앞세우며 일을 추진하는 경우가 많은데 다소 이기적인 스타일로 보이는 점이 있어서 동료 근로자들과 원만한 관계를 유지하지 못하고 있는 직원이다.

해당 부서장은 A와 함께 일하기를 거부하는 다수의 동료가 있음을 고려하여 A를 주요 직무에서 배제시키고 타 부서의 업무 지원을 하도록 업무 분장을 변경하였다. 그러던 중 회사는 취업규칙 개정안을 회람하였다. A는 이에 동의하지 않았고, 작업 중 휴게 시간에 산업기능요원들과 개정안에 대해 논의하였다. 이에 부서장이 휴게 시간이 끝나고 업무시간이 되어 업무에 임할 것을 요청하자 A의 항의가 일어났고 급기야 A와 부서장과의 갈등이 증폭되어 폭력사태로 번졌다.

1) 갈등의 쟁점과 당사자 주장

(1) 근로자 A 측 주장

① 부서장은 회사에서 일어나는 모든 상황에서 본인을 철저히 배제하려는 의도로 그 절차와 규정을 준수하지 않았으며 부서장의 독단적인 행동으로 근로자에 대한 차별적 대우가 심했다고 주장한다.

② 부서장의 행동은 부서원 간 화합을 이끌어 내는 리더십이 부족하며, 오히려 부서원 간의 갈등을 부추기는 분위기를 조성할 뿐만 아니라 직장 내 괴롭힘의 성격이라고 볼 수 있다. 이로 인하여 감정 조절을 하지 못하고 폭력사태에 이르는 부적절한 행동을 하게 만들었다고 주장한다.

③ 겨울에 눈이 많이 내리는 날 자신에게 업무를 지시하기보다는 쓰레기를 분리수거하고 배출하라는 등 근로계약서에 명시된 본인의 직무와 무관한 일을 시키기도 하였다고 주장한다.

④ A는 조직에 비협조적인 행동으로 인하여 징계위원회 회부되었고 해고 예고 징계 대상자로 결정되어 회사에서 매년 진행하는 외부 행사의 참여자 명단에서도 제외되었다. A는 자신을 참여자에서 제외시키기 위해 회사에서 비공개로 노사위원회를 소집하였고, 취업규칙을 개정하였다고 주장하였다.

<취업규칙 개정 내용>

임시 노사위원회를 개최하여 1개월 이내 퇴사 예정자(사직서 제출자), 해고 예고 징계 대상자, 단 시간 근로계약자는 외부행사 참여 대상에서 제외하기로 의결함.

---

⑤ 회사가 취업규칙 개정에 대하여 전 근로자를 대상으로 개정안을 회람하고 동의서에 서명을 받는 과정에서 근로자 A는 본인을 제외하기 위한 절차로 오해하여 동의하지 않았고, 관리자에게 항의하는 과정에서 소란과 함께 폭력 사건을 일으켰다.

근로자 A는 자신의 폭력 행위에 대하여 비위 사실이 과장되고 왜곡되었다고 주장하며 CCTV에서도 확인되어야 할 영상이 삭제[21]되어 증거물이 없는 것은 내부에서 영상을 조작하여 본인만 폭력 행위를 한 것으로 왜곡하고 징계위원회를 통해 본인을 해고하려는 목적이 분명하다고 주장한다.

⑥ 근로자 A는 생산직 근로자 중 당해 연도에 고등학교를 갓 졸업한 신입 직원들을 대상으로 취업규칙 변경에 대하여 개인별로 소집하여 설명하려 했으며, 그중에는 근로자 대표도 포함되어 있었다.

A가 근로자들에게 잠시 모이자고 한 이유는 취업규칙 변경은 회사에서 정당한 절차에 따른 취업규칙 변경이 아니었음을 설명하고 자신의 정당성을 주장하려고 한 것이었으며, 업무 방해의 성격도 아니었고 그 시간은 휴식시간 15분 중 5분도 안 되는 시간에 해산하였으므로 업무 방해가 아니라고 주장한다.

(2) 부서장이 인지한 사실 보고

① 근로자 A는 부서장의 차별 대우가 심했다고 주장하였으나 부서장이 지시하는 업무를 게을리 하여 다른 근로자들이 오전이면 마무리하는 작업을 하루 종일 하고 있었기에 여러 근로자가 참여하는 이동 조립 공정의 흐름에 맞지 않음으로써 업무에서 배제할 수밖에 없었다고 주장한다.

이에 다른 업무를 지시하여도 손목이 아프다거나 허리가 아프다고 핑계를 대고 업무를 태만히 하니 부서장 입장에서는 하도 답답하여 그러면 밖에 나가 쓰레기라도 버리고 오라고 지시한 것일 뿐 본인의 직무가 아닌 업무를 괴롭힘 성격의 목적으로 지시한 것이 아니라고 주장한다.

② 생산부는 수시로 고객사의 요청으로 갑자기 주문량이 밀리면 연장

근로 시 사전에 생산부 전 직원을 대상으로 연장근로(야근) 가능 및 동의 여부를 확인 후 진행하며, 근로자 전원이 동참하여 연장근로(야근)를 하게 되는데 이러한 경우에도 근로자 A는 단 한 번도 연장근로(야근)에 동참하지 않고 혼자 정시 퇴근하였다고 주장한다.

③ 부서장은 근로자 A가 휴식 시간에 모이자고 통보하면 연장자에 대한 예우 차원에서 거부하기 힘든 나이 어린 근로자들을 불러 모아 업무 방해를 하였다고 주장한다. A는 산업기능요원[22]이 나이가 어리다 보니 자신의 말을 잘 듣는다고 생각하지만 산업기능요원들은 직장 경험이 전무한지라 연장자가 부르면 당연히 가야 하는 것으로 알고 있는 수준에 불과하다고 주장한다.

또한 A는 근로자 대표도 모임 자리에 있었다는 주장에 대하여 근로자 대표는 휴식 시간이 지나고 작업 시작 시간이 되었음에도 생산 공정 라인에 담당자들이 없어서 직원들을 찾으러 나갔다가 A가 이야기를 하는 중이라 잠시 머무르고 있었던 것이었으며 취업규칙 개정 절차에 대하여 논의할 목적으로 처음부터 참석한 것이 아니라고 주장한다.

④ 취업규칙의 개정 관련 회람 및 동의 절차에 대하여는 근로자 과반수의 찬성으로 의결되는 절차에서 근로자 A가 동의서 서명 절차에 반하여 스스로 서명 행위를 거부한 것이며, 부서장이 근로자 A가 모르게 비공개적으로 진행한 사실이 아니었으며 근로기준법에 따른 공개적 절차로 진행하였다고 주장한다.

(3) 업무상 과실치상 (업무 중 폭력 행위)

부서장과의 갈등이 증폭되며 근로자 A가 사무실에서 큰소리로 욕설을 하는 중 부서장이 사무실 내로 들어오면서 욕설을 듣게 되었고 본인에게 하는 욕이라고 판단하여 심하게 다투었다. 다툼 과정에서 A는 주변에 있는 철제 의자를 들고 부서장을 향해 공격하려는 행동을 하는 등의 심각한 상황에 이르렀다.

동료 직원들로 인하여 폭력 행위는 저지되었으나 당시 상황을 지켜보던 타 직원의 신고로 경찰관이 출동하였으며, 상황을 파악한 경찰은 내부적으로 조정하도록 독려하고 복귀하였다. 그리고 이러한 상황은 인사팀에도 보고되었다.

2 | 갈등해결 및 협상 과정

1) 갈등해결 필요성 판단

근로자 A는 본인이 마음에 들지 않으면 사용자 B 앞에서도 소리를 지르는 등 극히 비상식적인 행동을 하여 직장 내 그 누구도 A를 긍정적으로 대하지 못하도록 만들었다. 이에 A는 모든 근로자가 자신을 따돌린다고 불평하며 다녔다.

만약 진정으로 회사 내에서 직장 내 괴롭힘이 발생하여 직원들이 의도적으로 A를 따돌림 하였다면 A는 즉시 관할 고용센터에 직장 내 괴롭힘으로 신고할 수 있는 성격의 소유자이다. 그럼에도 불구하고 고용센터에 신고하지 않았으며 자신의 부적절한 언행에 대해서 스스로 돌아보고 개선하려는 의지도 없이 스스로 부서장 및 동료들로부터 부당한 대우를 받고 있다면서 자신의 당위성만을 주장하고 다녔다. 이에 대하여 인사담당자는 부서장과 A와의 갈등 조정은 현실적으로 불가하며, A는 사내 근로환경을 불안하고 어수선하게 하고 있으며, 더 이상 개선 의지가 없다고 판단하여 부서장들의 의견을 청취한 결과 징계위원회 개최를 사용자에게 건의하기에 이르렀다.

인사위원회는 본 사건을 표 2.7.1의 취업규칙에 준하여 해결하기로 하고 부서장과 A에 대하여 각각 개별 상담을 진행하였다.

표 2.7.1 취업규칙

<**취업규칙**>

① 제6조 성실의무
회사는 본 규칙에 정한 근로조건으로 근로자를 근로시키며 근로자는 본 규칙에 정한 사항과 안전 규칙 및 상사의 업무상 명령·지시사항을 성실히 준수할 의무를 진다.

② 제8조 품위 유지 의무 위반
근로자는 신의를 지키고 품위를 유지하며 동료 간에 상부상조하여 회사의 명예를 보호하여야 한다.

③ 제83조 11항 해고 사유
업무명령 또는 지시에 따르지 아니하고 상사에게 폭행, 협박을 가하거나 지시를 받은 사항을 고의로 지연시키는 등 직장 질서를 문란케 하였거나 관계회사 및 동료 근로자에게 폭행, 협박을 가하여 전치 3일 이상의 치료를 요하는 상처를 입혔거나 그 업무를 방해하였을 때.

2) 부서장 상담

부서장 입장에서 근로자 A는 의도적으로 업무를 소홀히 하며, 업무 지시를 따르지 않는 등 의도적으로 부서장을 괴롭히려는 수준의 언행을 지속 반복해 왔고, 최근 1년간 사소한 갈등이 증폭되어 오늘날의 상황이 발생하게 되었다고 한다.

근로자 A의 폭력행위와 업무 방해의 행동으로 인해 부서장은 스트레스로 병원에서 심리 치료도 받고 있는 상황이었고, 만일 A가 회사를 계속 다니게 된다면 A와의 지속적인 갈등으로 인한 스트레스로 건강이 악화되어 부서장 직을 수행하기 어려운 상황으로 부서장이 먼저 사직해야 할 만큼 힘든 현실과 심정을 토로하였다.

그러나 근로자를 임의 해고할 수 없으니 징계위원회의 처분 결과를 확인하고 부서장 거취에 대하여 결정하겠다고 하였다.

3) 근로자 A 상담

(1) 폭력행위에 대하여

A는 사무실에서 큰소리로 욕을 한 행위에 대하여 부서장을 지목하여 욕을 한 것이 아니며 그냥 이런저런 불만스러움에 대하여 불특정 다수에게 허공을 보고 혼잣말식의 욕을 하였다고 주장한다. 또한 철제 의자를 들고 가해하려고 한 것은 부서장이 먼저 본인의 목을 눌렀기 때문에 마침 옆에 보이는 철제 의자를 들고 내리치려는 오버액션을 취하였을 뿐 마음속으로 공격할 의도도 없었고 실제 행위로 옮기지도 않았으며, 이 또한 본인은 정당방위 행위였다고 주장하였다.

(2) 업무 방해에 대하여

업무 방해가 되려면 위력을 동원한 업무 방해의 강제성이 있다거나, 적어도 업무를 방해하겠다는 고의적인 행동과 고의성이 있어야 하는데,

본인은 업무를 방해하겠다는 고의성이 전혀 없었으며, 오히려 본인의 행위는 잘못된 절차를 바로잡고, 이후 타 근로자들이 당할 수 있는 불이익에 대한 방지를 위한 정당한 행위였음을 재 주장한다.

4) 조사자 의견

본 사건에 대해 인사총괄팀장이 조사자로서 당사자들을 조사하여 다음과 같은 의견을 제시하였다.

(1) 근로자 A

A는 취업규칙 개정이 특정인을 배제하려는 의도가 있어서 절차상 하자가 있다고 주장하나 조사자가 파악한 바에 의하면 특정인을 배제하려는 의도는 결코 없었기 때문에 A가 주장하는 절차상 하자가 있다고 주장하는 것은 이유가 없다고 판단하였다.

A는 모임의 소집이 짧았으므로 업무 방해가 아니라고 주장하였다. 그러나 A의 요구에 의해서 마련된 자리는 무의미한 모임이라고 근로자들이 판단하고 모임 자리를 이탈하여 업무 장소로 복귀하였다. 이에 대해 A는 모임 자리를 마무리하려고 수 분 내에 해산시켰다고 주장하고 있으나 직원들 스스로가 모임 자리를 이탈하여 업무에 복귀한 것으로 조사자는 판단하였다.

A는 '내가 다 잘했다고 하지는 않는다.'는 식의 형식적 반성의 태도를 취하지만 조사자는 진정한 반성의 의지로 보기 어렵다고 판단하였다. 왜냐하면 A는 평소에 사소한 일에도 감정을 조절하지 못하여 부서장 및 동료들에게 극단적인 욕설과 함께 불평불만을 늘어놓는 등 부정적 태도를

반복해왔고 이번 사건도 평소의 언행과 연관되어 발생했기 때문이다.

(2) 부서장

부서장으로서 직장 내에서 이러한 폭력사태가 발생하지 않도록 해야 하지만, 이러한 불미스러운 폭력 사태에 본의 아니게 개입하게 된 점은 이유를 불문하고 송구스럽게 생각한다고 하면서 진정한 반성의 의지를 보였다.

3 징계위원회 회부

1) 징계위원회 진행 절차

그림 2.7.1 징계위원회 진행 절차

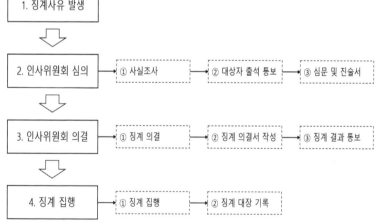

자료 : 징계사무처리요령 전남지방우정청예규 제101호

2) 부서장 비위사실 통보

(1) 지휘 통솔 부족

관리자는 근로자 A의 독단적인 언행으로 조직문화를 저해하는 행위에 대하여 적극적 조치를 취해야 한다. 리더십을 발휘하여 사원 간 화합을 이끌어 내던지 또는 수습할 수 없는 상황이라면 징계위원회에 회부하는 등 조기에 문제 해결을 하지 않았으며 이를 방관하고 책임을 회피한 사실이 인정된다.

(2) 직장 내 폭력사태 수습 미흡

근로자 A를 제지하는 과정에서 관리자로서 A를 진정시키고 의견을 청취하여 대화를 통해 문제 해결을 하여야 한다. 그러나 부서장 스스로 감정조절을 하지 못하고 부적절한 대응으로 직장 내 폭력사태를 유발하게 한 사실이 인정된다.

(3) 관련 법규

위 행위는 취업규칙[23] 제82조(감봉, 정직, 승급 정지, 강등 사유) 제8항에 해당된다.

3) 근로자 A 비위사실 통보

(1) 업무 방해

취업규칙 개정에 대하여 직원들의 군중심리를 자극하면서 함께 이의를 제기할 목적으로 직원들을 집합시킬 권한이 없는 자가 임의로 근로시간에 근로 중인 직원들을 집합시키거나 업무를 중단시키는 등 업무를 방해한 사실이 인정된다.

(2) 직장 내 폭력 행위

취업규칙을 회람하던 중 근로자 A가 소리를 지르면서 난동을 부린다는 이야기를 듣고 부서장이 급히 사무실로 달려와 이를 제지하려고 할 때 이에 불응하고 부서장에게 욕설을 퍼부으면서 멱살을 잡아 폭행하고 철제 의자를 들어 가격하려 한 사실이 인정된다.

(3) 관련 법규[24]

위 행위는 취업규칙 제6조 성실의무, 제8조 품위유지 의무를 위반하였을 뿐만 아니라, 취업규칙 제83조 11항 업무 명령 또는 지시에 따르지 아니하고 상사에게 폭행, 협박을 가하거나 지시를 받은 사항을 고의로 지연시키는 등 사내 질서를 문란케 하였거나 관계회사 및 동료 근로자에게 폭행, 협박을 가하거나 상처를 입혔을 때 그 업무를 방해하였을 때 해고 사유에 해당된다.

1) 징계위원회 결과

표 2.7.2 징계위원회 결과

대 상	1심	재심	처분 결과
부서장	감봉 1개월 (임금의 1/10이내)	경위서 제출 (누적 시 가중징계)	견책 및 경위서 제출
근로자A	해고	해고 (예고 1개월)	해고 (해고 예고 수당 지급)

　징계위원회 개최 결과 부서장에게는 감봉 1개월(임금의 1/10)로 결정된바, 부서장은 이에 불복하여 징계처분 재심 요청서를 제출함으로써 재심 징계위원회를 개최하였고 그 결과 견책으로 징계 수위를 낮추어 결정하였다. 반면에 근로자 A의 경우는 해고로 결정되었으며, 1개월의 해고 예고 기간을 두고 해고 예고 수당을 지급하는 것으로 결정되었다.

2) 진정인의 지방 노동위원회 부당해고에 대한 구제 신청

　근로자 A는 징계위원회에서 결정된 해고에 대하여 부당해고임을 주장하며 지방노동위원회에 부당해고에 대한 구제를 신청하였다.

3) 화해에 의한 사건 종결

　(1) 근로자 A가 구제 신청서를 접수함으로써, 기업은 경기지방노동위원회의 출두 요청서를 수령하고 심문회에 참석하였다.

⑵ 근로자 A와 기업의 심문회 진행 중 심문 위원이 화해를 주선하였다.

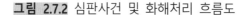

그림 2.7.2 심판사건 및 화해처리 흐름도

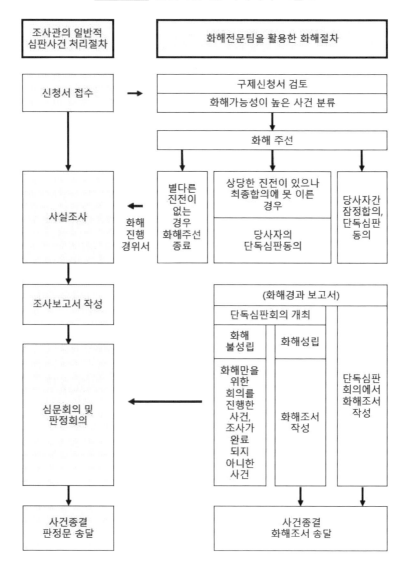

(3) 화해[25] 의사로 근로자 A는 기업에게 갑작스런 해고로 인하여 재취업 준비 기간 중 발생한 급여 손실 등을 이유로 손해배상 1,500만 원을 요구하였으나 기업은 이를 거부하였다.

(4) 심의 위원은 이에 대하여 손해배상 금액 400만원으로 중재 (당시 근로자 A의 임금 2개월분)를 제안하였고, 근로자A와 기업은 이를 수락하였다.

(5) 최종 결과로는 해고는 유지하며 기업은 근로자 A에게 손해배상으로 400만원을 지급하는 것으로 합의가 이루어졌다.

(6) 이로써 사건은 종결되었다.

5 갈등협상의 특징과 교훈

1) 특징

갈등의 쟁점은 집단적 협의를 통해 해결되어야 하는 내적 갈등이지만 집단적 협의를 통하여 해결하기 이전에 개인 간 갈등으로 발생한 것이다.

조직의 업무 수행 상 발생한 것으로 생산성과 관련된 갈등으로 부서장은 문제의 원인과 해결책을 모색하여 갈등 당사자와 이해관계를 조정하여 해결할 수가 있었으나, 갈등 발생 초기 단계에 관리자의 적절하지 못한 행동으로 개인 간 갈등으로 증폭시킨 사례이다.

2) 갈등 원인

갈등 원인은 크게 행위자 측면, 그리고 제도적 측면에서 파악해 볼 수 있다. 먼저 행위자 특성 요인 측면에서는 행위자의 독특한 자신만의 정의감과 무언가 불이익을 당하고 있다는 심리적 상태이다. 사건 발생 이전에도 사용자와의 면담을 통하여 부서 이동을 실시하였으나 이동한 부서에서도 동료들과 원만한 관계를 유지하지 못하고 갈등을 해결하지 못하였다. 그 원인은 이해관계자 간 협상 부재, 중재자의 역할 미흡, 사용자에 대한 불신 등이며 이것이 갈등을 심화시켜 나갔다.

제도적 요인 측면에서는 근로자 A의 갈등 원인을 원천적으로 조기에 해결하지 못하고 단지 보직 변경을 통하여 다른 중간 관리자에게 떠넘긴 데 문제가 있었다고 본다. 중소기업 특성상 사용자는 인사위원회를 열어 다수의 의견을 구하는 절차를 수행하여야 함에도 불구하고 사용자가 직접 근로자 A를 면담하고 단지 보직 변경을 단행함으로서 문제를 원천적으로 해결하지 않고 다른 부서에 떠넘기는 결과를 초래하게 된 것이다.

3) 교훈

갈등에 처해 있는 당사자 간 원만한 관계를 유지할 필요가 있는지, 없는지를 판단하여 법적으로 해결하는 것과 상호 만족할 수 있는 갈등해결 방법(협상) 중 적절하게 선택하여 진행했어야 한다.

사전에 인사위원회를 개최하고 여러 의견을 규합하여 최선책을 찾아야 하였으며, 해고함이 마땅하다고 판단 시에는 권고사직이나 징계위원회를 통하여 부서 이동 이전에 원만한 인사 조치를 실시함이 바람직하다고 할 것이다. 물론 이 또한 쉽게 해결될 사안은 아니지만, 갈등을 증폭시키기보다는 사전에 갈등을 관리하고 해결하는 지혜가 요구된다 할 것이다.

조직의 집단적 문제가 개인 간 갈등으로 지속되었고 사소한 갈등이 심각하게 지속되어 가는 것을 사전에 판단하였더라면 그 갈등의 결과가 당사자들에게 미치는 영향을 예측하여 갈등을 신중하고 합리적으로 해결하였을 것이다.

갈등은 불길과 아주 비슷하여 불이 붙으면 커지고 더욱 거세진다. 그로 인하여 고통과 손실은 말할 수 없고 돌이킬 수도 없는 피해를 가져오며 집중력을 흐트러뜨리고 구성원들 사이에 거리를 만들어 조직을 이탈하게 한다.[26] 부서장과 부서원의 사소한 갈등이 악화되기 이전에 해결 방안을 모색하여 적용하지 못함으로 인해 결국 많은 시간을 낭비하고 생산성을 떨어뜨린 결과를 가져오게 되었다.

부록

제41조(보관 및 파기) ① 영상정보처리기기운영자는 수집한 개인영상정보를 영상정보처리기기 운영·관리 방침에 명시한 보관 기간이 만료한 때에는 지체 없이 파기하여야 한다. 다만, 다른 법령에 특별한 규정이 있는 경우에는 그러하지 아니하다.

② 영상정보처리기기운영자가 그 사정에 따라 보유 목적의 달성을 위한 최소한의 기간을 산정하기 곤란한 때에는 보관 기간을 개인영상정보 수집 후 30일 이내로 한다.

③ 개인영상정보의 파기 방법은 다음 각 호의 어느 하나와 같다.

1. 개인영상정보가 기록된 출력물(사진 등) 등은 파쇄 또는 소각

2. 전자기적(電磁氣的) 파일 형태의 개인영상정보는 복원이 불가능한 기술적 방법으로 영구 삭제

제6조 (성실의무)

회사는 본 규칙에 정한 근로조건으로 근로자를 근로시키며 근로자는 본 규칙에 정한 사항과 안전규칙 및 상사의 업무상 명령.지시사항을 성실히 준수할 의무를 진다.

제8조 (품위유지의무)

근로자는 신의를 지키고 품위를 유지하며 동료 간에 상부상조하여 회사의 명예를 보호하여야 한다.

제82조 (감봉, 정직, 승급정지, 강등사유)

근로자가 다음 각호의 1에 해당하는 경우에는 감봉, 정직, 승급정지, 강등을 행한다. 다만, 그 정도가 경미하거나 개전의 정이 있을 때에는 견책으로 할 수 있다.

8. 동료나 상사에게 폭언 또는 불손한 언동을 한 경우

제83조 (해고사유)

근로자가 다음 각호의 1에 해당하는 경우에는 징계 해고한다. 다만, 개전의 정이 현저할 때에는 정상을 참작하여 승급정지, 또는 감봉, 정직, 강등으로 할 수 있다.

11. 업무명령 또는 지시에 따르지 아니하고 상사에게 폭행, 협박을 가하거나 지시를 받은 사항을 고의로 지연시키는 등 직장질서를 문란케 하였거나 관계회사 및 동료근로자에게 폭행, 협박을 가하여 전치 3일 이상의 치료를 요하는 상처를 입혔거나 그 업무를 방해하였을 때

부록 2.7.3 화해 [노동위원회법]

제16조의 3(화해의 권고 등) ① 노동위원회는 「노동조합 및 노동관계조종법」 제84조 또는 「근로기준법」 제33조 규정에 따른 판정·명령 또는 결정이 있기 전까지 관계 당사자의 신청 또는 직권에 의하여 화해를 권고하거나 화해안을 제시할 수 있다.

② 노동위원회는 화해안을 작성함에 있어서 관계 당사자의 의견을 충분히 들어야 한다.

③ 노동위원회는 관계 당사자가 화해안을 수락한 때에는 화해조서를 작성하여야 한다.

④ 화해조서에는 관계 당사자와 화해에 관하여 위원 전원이 서명 또는 날인을 하여야 한다.

⑤ 제3항 및 제4항의 규정에 따라 작성된 화해조서는 「인사소송법」에 따른 재판상 화해의 효력을 갖는다.

⑥ 제1항 내지 제4항의 규정에 따른 화해의 방법, 화해조서의 작성 등에 관하여 필요한 사항은 중앙노동위원회가 따로 정한다.

부록 2.7.4 화해 [노동위원회 규칙]

제68조(화해의 신청) 당사자는 화해를 신청하고자 할 때에는 별지 제20호 서식의 화해신청서를 제출하여야 한다. 다만, 신문회의에서는 구술로 화해 신청할 수 있다.

제69조(화해의 권고) 심판위원회는 사건의 조사과정이나 심문회의 진행 중에 당사자에게 화해를 권고하거나 주선할 수 있다.

제70조(화해안의 작성) ① 심판위원회나 단독심판위원은 화해신청서와 당사자의 화해 조건 등을 충분히 검토하여 별지 제21호 서식의 화해안을 작성하여야 하며, 그 취지와 내용을 당사자에게 충분히 설명하여야 한다.

② 심판위원회나 단독심판위원은 필요하다고 인정되는 경우 화해회의를 별도로 개최할 수 있다.

제71조(화해 성립) ① 심판위원회는 당사자가 화해안을 수락하거나 화해 조건에 합의한 경우에는 별지 제22호 서식의 화해조서를 작성하여야 한다.

② 화해는 당사자와 화해에 관여한 심판위원이 서명이나 날인함으로써 성립되며 화해가 성립된 후 당사자는 이를 번복할 수 없다.

제72조(화해조서 송부) 노동위원회위원장은 화해가 성립된 날부터 5일 이내에 화해조서 정본을 배달증명우편으로 당사자에게 송부하여야 한다.

제73조(화해조서 송달증명서 발급) 노동위원회위원장은 화해조서를 송달받은 당사자가 화해조서 송달증명서 발급을 신청하면 별지 제23호 서식의 화해조서 송달증명서를 발급하여야 한다.

사례 8
직장 내 괴롭힘 해결 사례

1 갈등의 배경

A는 제약회사에서 본인의 동종업계에서의 약 10여년의 경력, 업무실적, 기여도 등을 인정받아 신설 영업3팀 팀장으로 승진, 신규 발령받았다. 회사는 동시에 영업3팀에 대리급 경력직원 B, 1년차 직원 C, 신입직원 D를 배치하였다.

A는 팀장에 부임하며 본인이 경력 및 업무 역량을 쌓아오며 겪었던 술자리 회식 관행, 야근하는 분위기, 상사의 사적지시 이행 등을 부조리라 생각하고 팀원들에게는 이를 반복하지 않겠다고 다짐하였다.

또한 팀장으로서 팀원 위에 군림하는 것이 아니라 팀원들의 역량을 키워주고 보다 많은 업무기회와 피드백을 제공하여 팀의 성장과 회사의 발전을 위하여 노력하고자 하였다.

B, C, D는 신설된 영업3팀에 배정되어 일을 잘 익히며 성장할 수 있을지에 대한 불안감이 다소 존재하였다. 그러나 A의 친절하고 배려하는 태도나 일에 대하여 서로 자연스럽게 의견을 나누는 분위기, 적극적인 팀 사업 진행에 만족감을 느끼고 각자의 위치에서 최선을 다하고 있다.

팀원들은 A가 가끔 사적인 농담이나 장난을 치는 것이 부담스러울 때도 있었지만 업무를 할 때는 공과 사를 구분하는 모습에 그럴 수도 있겠지라는 생각으로 회사생활을 하였다. 회식이 잦긴 하였으나 필수 참석이 아니었기에 그렇게 신경 쓸 일은 아니었다.

특히 C는 신입사원 때부터 A와 같은 팀에서 업무를 수행하였던 터라 A와 사적인 자리에서 호형호제하며 우애가 깊다. C는 A로부터 영업업무의 기초를 배웠으며, C가 가족사로 힘들어할 때 A가 당시 팀장에게 건의하여 특별휴가를 부여받을 수 있도록 도와주기도 하였다. A와 C는 주말에 가끔 등산도 하고 식사도 하며 회사 안팎에서 친밀한 관계를 유지하고 있다.

이후 영업3팀이 운영된 지도 어언 1년이 되가는 시점, 인사팀장은 분기별 팀 런치에서 영업3팀 팀원들과 식사를 하였는데 그 자리에서 A가 C에게 직장 내 괴롭힘 행위를 하였다는 이야기를 들었다.

인사팀장은 평소 영업3팀의 분위기가 화기애애하고, 팀 연령대가 낮은 만큼 소통과 화합을 많이 하는 것으로 알고 있어 적잖게 당황하였다. 특히 C와 A는 회사에서도 친한 형·동생사이로 지내고 있는 것으로 알려져 있어 의아할 수밖에 없었다.

C의 가만히 이야기를 들어보니 단순한 면담이 아닌 정식 조사가 필요하다는 판단을 하였다. 직장 내 괴롭힘은 법률상 회사가 조치해야하는 의무가 부여된 사안일 뿐만 아니라 직장 질서나 분위기를 저하시키는 것은 물론이고 최근 젊은 세대가 많이 입사하는 상황에서 자칫하면 회사의 이미지나, 명예가 실추될 수 있는 중대한 이슈이기 때문이다.

면담 이후 C가 정식 신고 절차로 진행하겠다는 의사를 보이자 인사팀장은 즉시 TF를 꾸려서 직장 내 괴롭힘 사건 조사에 착수하였다.

2 갈등 당사자의 입장

1) 팀원 C의 입장

C는 영업3팀으로 배치되기 이전, A 팀장과 영업1팀에서 같이 근무하였다. 그래서 A가 팀장으로 발령받은 영업3팀으로 발령받았을 때 C는 다소 안심하였다. A가 회사 상사이긴 하지만 형처럼 친한 사이였고, A가 본인에게 많은 관심을 가지고 업무적으로나 업무 외적으로나 해주었던 많은 조언들이 계속 일을 열심히 할 수 있도록 격려가 되었기 때문이다. 영업3팀 초기에도 친밀한 분위기에서 일하며 영업업무에 적응해나가고 있는 상황이었다.

그러나 영업3팀의 실적이 계속 부진하고, A가 그로 인하여 부담감을 느끼는 것이 보일 때쯤부터 A의 행동이 변하기 시작하였다. A가 퇴근시간 이후로도 업무적인 지시를 하였고, 은연중에 자신은 어제도 일하느라 집에 가지 않았다며 야근을 강요하는 듯한 발언을 하였다. 주말에도 잘 쉬고 있냐는 안부인사 뒤에는 항상 업무와 관련된 이야기가 계속되었다. 가끔 등산을 같이할 때마다 업무 지적 등 일 이야기가 심해져서 이제는 A를 따로 만나고 싶지도 않다.

또한, A는 업무시간 중에 "너 이렇게 개판 쳐 놓고 점심이 넘어 가냐?" 라든지, 다른 팀원들이 있는 회의시간에 C에게 "이 새끼, 저 새끼", "야, 너" 라며 반말, 폭언을 하기도 하였다. 자신이 한 업무에 대하여 "갖다 버려!"라고 면박을 주기 일쑤였으며. 일이 안 풀리는지 키보드를 쾅쾅 치며 무거운 분위기를 조성하기도 하였다.

사적인 이야기도 도를 지나쳤다. C가 여자 친구가 없는 것을 알고 A가 소개팅을 해준다고 했을 때 C가 괜찮다고 거절하자 "너 사실 게이 아니냐?" 라든지 "성욕은 어떻게 해결하냐?"라고 말하며 A는 수치심을 유발하기도 하였다.

　C가 부모님과의 관계로 마음이 힘들었을 때 A가 큰 조언을 해주고, 휴가를 제안해 주었던 점, 영업 업무를 성심껏 가르쳐주었던 점 등은 너무나 고맙지만 아닌 것은 아닌 거라고 C는 생각했다. 또한 C는 영업 3팀 업무는 괜찮지만 A와 더 이상 같은 부서에서 일을 할 수 없다고 생각했다. C는 A가 진심으로 사과한다면 고민하겠지만, 일단 A가 징계를 받았으면 좋겠다는 입장이다.

2) 팀장 A의 입장

　A는 C가 신입사원일 때부터 같은 팀 선배로서 동고동락을 같이한 특별한 관계라고 생각하고 있다. A는 바쁜 시간을 쪼개서 하나부터 열까지 영업의 기초를 알려주고 이끌어주었다. C도 열심히 따라와서 뿌듯했고, 사회생활을 통해 만난 사이지만 동생같이 잘 어울렸다. 영업업무가 그 자체로 사람을 상대하고 '을'의 위치에서 세일즈를 해야하다보니 힘들긴 하지만, C와 같이 일하며 좋은 후배를 얻은 듯한 뿌듯함도 있다.

　A는 점점 팀장으로서의 부담감, 실적에 대한 압박으로 인하여 가끔 외근 복귀가 퇴근시간 이후로 늦어졌다. 이러한 사정 때문에 어쩔 수 없이 C에게 업무지시를 늦게 하긴 하였지만, 강제성은 없었다. 부탁이었다. C는 이해해줄 줄 알았고, 연락을 늦게 한 것에 대하여 C는 불평을 한 적도 없었다. A는 C의 역량이 올라오는 정도가 더뎌져서 교육차원에서 업무를 마무리하고 퇴근하라고 하긴 하였지만, 업무시간 중에 집중을 잘하였으면 퇴근시간 내에 충분히 끝낼 정도의 업무량을 부여했다고 생각했다.

　A는 주말에도 C를 가끔 만나서 등산을 하곤 해서 C가 주말 연락을 싫어하는지 몰랐다. 업무 이야기는 통화가 길어질 때 나오는 대화 주제 중의

하나에 불과했다. 또한 서로 앞으로의 미래에 대하여 고민을 나누는 과정에서 업무 이야기가 자연스럽게 나온 것이지 일 시키려고 일부러 연락했던 것은 아니다.

최근 C가 부여된 일을 마무리하지 않고 느긋해 보이는 태도를 보여서 가르치는 차원에서 개판치냐고 한 적은 있다. 하지만 그 발언을 하고 과했다며 사과하였고 C의 기분을 풀어주었다. C도 알았다고 했었다. 회의시간에 친한 사이라는 표시로 "야, 너"라고 했던 말은 실수이고 잘못이라고 생각했다.

내용을 정리하고 보고서 작성하는 방식을 알려준 것과 다르게 C가 아마추어적으로 작성해서 꾸짖은 적은 있다. 갖다버리라는 표현은 인신공격이 아닌 친밀함에서 나온 표현이다. 키보드 치는 것은 스스로 답답해서 그런 것이지 팀원들을 대상으로 한 것이 아니다.

C가 가끔 힘들어하는 이유 중 하나가 연애를 하지 않고 혼자 외롭기 때문이라 생각해서 소개팅 자리를 몇 번 물어봤다. 장난으로 게이냐고 물어본 것은 잘못이라고 생각하지만 성욕을 어떻게 푸냐고 한 적은 없다.

C는 이 회사에서 가장 아끼는 후배이자 동생이다. C가 불쾌했다면 잘못이라 생각하고 사과하지만 C가 이야기한 내용 중에는 본인과 C와의 관계성을 배제한 다소 무거운 표현들이 많은 것 같다. A는 C가 본인을 직장 내 괴롭힘 가해자로 지목했다는 사실에 너무나 당황했고, 한편으론 이제 누구에게도 마음을 터놓고 이야기할 수 없을 것이라 생각하였다. C의 입장도 있겠지만 솔직히 너무나 서운하다.

3 갈등해결 및 협상 과정

1) 신고인 조사(1차) 및 요구사항 확인

인사팀장은 C로부터 위와 같이 평소 관계, 사적인 업무연락, A의 폭언 또는 인격적으로 무시하는 발언, 게이냐는 놀림에 대한 스트레스 등에 대한 의견을 청취하였다.

인사팀장은 C의 정신적 고통이 매우 심각한 것으로 판단하였다. C는 조사 말미에 A와 즉각적인 분리와 더불어 A를 정식으로 징계해달라고 요청하였다. 또한 A의 사과는 바라지 않는다고 하였다.

인사팀장은 일단 A에게 경영진 보고 이후 유급휴가를 부여할 것임을 안내하였고, 동시에 C에게 A의 가해행위라 주장하는 행위, 발언들에 대한 입증자료도 요청하였다.

2) 참고인 B의 조사

인사팀장은 먼저 B에 대해 참고인 조사를 진행하였다. B에 따르면 A가 C에게 업무시간 외에 사적인 연락을 하며 업무 지시를 하는 사실은 알지 못하였으며, 야근은 업무상 비일비재한 일이라 업무지시가 퇴근 시간 이후에 이루어지는 점은 다른 팀원들도 마찬가지라고 발언하였다.

평상시에 A가 C에게 "야, 너"라고 편하게 호칭하기는 하였으나 욕설을 한 것은 듣지 못하였다.

A가 C에게 C가 작성한 자료에 대하여 "갖다 버리라."고 한 발언은 들었으나, 당시 분위기가 장난스러워서 크게 개의치는 않았다. A가 가끔 키보드를 쾅쾅 치는 것은 조금 위협적이라고 생각한다.

A가 C에게 "게이 아니냐?"라고 발언하기는 하였으나, 당시 연예인 동

성애자에 대한 대화 도중 C가 소개팅을 안 한다고 했던 이야기를 꺼내며 나왔던 발언이었다. 본인도 이는 다소 무례한 표현이라 생각한다.

3) 참고인 D의 조사

이어서 인사팀장은 D에 대해서도 조사를 진행하였다. D는 A가 신입사원인 본인을 잘 챙겨주고, 가끔 농담을 던질 때도 있어 원래 A가 말을 좀 가볍게 하는 성향이 있다고 느꼈다. 다만 본인은 A가 직장 상사이기 때문에 나름 거리를 두는 스타일인데, C는 A와 격 없이 편하게 지내는 것 같아 신기하다고 생각하였다.

D는 C가 A에 대하여 칭찬을 많이 하는 것을 들었다. C는 A가 존경할 만한 선배라며 A를 믿고 따른다고 했다.

C가 D에게도 퇴근 시간 이후 업무연락을 하였으나, D는 업무연락 자체를 받지 않았고 그 이후 A가 이에 대한 질책을 하지는 않았다는 점을 확인하였다. D는 주말에 A와 C가 연락하는지에 대하여도 모른다고 하였다.

한편 D는 A가 회의시간에 C에게 반말하고 다소 과격하게 발언하는 것이 같은 자리에 있는 입장으로서도 듣기에 불편하였고, 다른 팀원들 앞에서 작업물에 대하여 갖다 버리라고 했으면 바로 인사팀에 알렸을 것 같다.

D는 A가 C에게 게이냐고 물었을 때 A에게 그러시면 안 된다고 하고 개인의 사적인 부분에 관한 것은 언급 자체를 하지 않았으면 좋겠다고 말했다. 당시 C는 발끈하며 아니라고만 대답하였고 A에게 불쾌감을 표시하지는 않았던 것 같다. 성욕을 어떻게 푸냐는 발언은 듣지 못했다.

4) 피신고인 조사(1차) 및 반응 확인

인사팀장은 C로부터 A의 발언, 행동에 대한 입증자료를 전달받고, 참고인 조사 사항을 정리한 이후 A를 대상으로 피신고인 조사를 진행하였다.

A는 전반적으로 C가 기분이 나빴다면 본인이 잘못한 것이라고 인정하였으나, C와 본인과의 친밀한 관계에서 비롯된 것들이 많은 점을 참작해 달라고 하였다. A는 본인이 앞으로 발언, 태도에서 조심할 것이고 업무적으로 퇴근 시간 이후에 연락을 하지 않을 것, 주말에 사적으로 연락을 자제할 것이라며 C에게 사과하고 싶다는 의사를 내비추었다.

그러나 A는 한편으로 C가 서로 사이가 좋을 때는 아무렇지 않다가 본인이 업무적으로 질책하거나 싫은 소리를 한 것들에 대하여 기분이 나빠서 직장 내 괴롭힘으로 신고한 것은 아닌지 서운하다고 하며, 앞으로 누구와도 마음을 열고 이야기할 수는 없을 것 같다고 푸념을 하기도 하였다.

5) 사안 정리 및 방향 결정

인사팀장은 신고인, 참고인, 피신고인 각 1차례의 조사 이후 입증자료가 존재하지 않는 사안들을 제외하고 크게 다음의 세 가지로 정리하였다.

첫째로, 최근 A의 외근 복귀가 늦어지고 팀 전체의 업무량이 증가하였고, 프로젝트별 기한이 존재하기에 퇴근시간 이후에 A가 팀원들에게 연락하는 문제가 발생하였다는 점이 있었다. 이는 A가 관리자로서의 지침을 어긴 개인의 문제이기도 하나 영업 3팀에 과장급 이상의 경력직원이 없고, 그에 따라 업무를 처리할 인원이 부족한 면에서 발생한 구조적인 문제일 수도 있다고 인사팀장은 판단하였다.

둘째로, A가 C에게 친하다고 여기는 관계성에서 기인한 잦은 사적인 연락, 폭언 또는 개인의 사적인 영역에 관한 발언("야, 너", "(작업물을) 갖다 버려", "게이 아니냐", "성욕을 어떻게 푸냐" 등)은 C가 하급자로서 적시에 명확히 거부하거나 불쾌감을 표하기 힘들었을 것이라는 점이다.

한편으로 인사팀장은 최근 A와 C의 관계가 급속도로 악화된 점이 C가 A를 직장 내 괴롭힘 가해자로 신고한 발단이 되었을 것으로 판단하였다.

이에 인사팀장은 먼저 A에게 정식 사과 의사를 확인한 이후 C와 면담하여 A의 정식사과 및 팀 분리를 통한 당사자 간 화해가 가능한지 의견을 듣고 확인해보려고 하였다.

6) 피신고인 조사(2차)

A는 1차 조사 때보다 더욱 지쳐 보이는 상황이었다. A는 C에게 정식으로 사과할 의사가 있다고 표하였다. A는 바빠서 더 C에게 잘못을 저질렀다고 반성하기도 하였다. C에게 먼저 사적으로도 연락하지 않을 것임을 확실히 했다. 다만, "성욕을 어떻게 푸냐"는 발언은 하지 않았음을 명확히 하였고(실제로 입증자료 없음), 또한 징계처분이 있을 경우에는 그 수위에 따라 본인도 후속 행동을 고민해볼 것이라는 의사를 표시하였다.

인사팀장은 A의 징계절차가 진행될 경우, 수위는 알 수 없으나 A의 반발이 있을 경우 A와의 진실공방이 장기간 이루어지고, 영업3팀 운영의 차질, A와 C와의 관계가 최악으로 치달아 회사 분위기가 상당히 저해될 수 있는 점 등을 유의해야 한다고 생각하였다. 일단 이를 바탕으로 C와 면담을 하고자 하였다.

7) 신고인 조사(2차)

C는 해당 면담 초기 A의 징계처분을 요구하는 마음이 컸다. A를 마주칠까봐 그 자체가 거부감이 든다고 하였다. 인사팀장은 A가 정식으로 사과할 의사가 있고, 특히 A가 C에게 퇴근 시간 이후 업무 연락을 한 것, 주말에 사적으로 연락하여 업무 이야기를 한 것, "야, 너," "갖다 버려!"라고 폭언을 한 것을 잘못으로 인정한 사실을 전달하였다. A가 C와 다시 근무하고 싶다고 한 이야기도 같이 전달했다.

또한 인사팀장은 퇴근시간 이후 연락, 주말 사적 연락은 영업 3팀의 업무량 및 촉박한 기한, 인원이 부족한 점에서 오는 점도 있음을 회사도 인지하고 있으며 관리자 인식개선 교육뿐만 아니라 팀 구성 또는 인력 조정 등 조치도 있을 것이라 안내하였다.

한편으로는 C의 발언 중 "성욕을 어떻게 푸냐" 등 일부 발언의 입증자료가 없고, C가 직장 내 괴롭힘 신고 시점과 인접한 시기에 D에게 A를 존경한다고 했던 점, 일부 사안은 직장 내 괴롭힘 신고 시점보다 상당히 오래 전에 발생한 점 등은 외부 자문을 통해 판단이 될 수 있을 것이라 안내하였다. 그리고 C에게 회사의 중재에 대한 의견을 물었다.

이에 C는 고민에 빠졌다. 사실 본인도 A와 친한 동료와 함께 있을 때 A에게 형이라 부른 적이 있고, 형은 얼굴이 안 되서 소개팅을 하나마나 할 것이라고 하기도 했었다. 최근 A가 본인에게 질책하고 다소 과격한 언행을 해서 과거 A의 언행도 문제 삼은 점도 있다고 인정하였다.

4 갈등협상 결과 및 합의

인사팀장은 추후 C와 면담을 재차 진행하였다. C는 A와 같은 부서에서 근무할 수는 없으나, A의 정식 사과 및 회사에서 A를 마주치지 않게 해준다면 회사가 중재하는 선에서 마무리할 수 있다고 의사를 표하였다.

추후 A도 인사팀장에게 C에게 정식사과를 할 것이라 확답하였고, C의 동선을 피하고 마주치더라도 빨리 자리에서 이탈할 것임을 약속하였다. 또한 본인이 먼저 C에게 연락하지 않기로 하였다.

이후 A는 C에게 정식의 사과문을 발송하였고, C는 인근의 다른 건물에 위치한 사업부 영업팀으로 배치되었다.

회사는 전 직원 및 관리자급 직장 내 괴롭힘 예방교육, 관리자급 인식 개선교육을 별도로 진행하였으며, 영업3팀을 포함한 인력 충원 부서를 선별하여 인원충원을 진행하였다.

5 ┃ 갈등협상의 특징과 교훈

1) 특징

일선에서 발생하는 직장 내 괴롭힘 사건은 폭언, 욕설, 따돌림 등 명확한 사안 외에 대다수 사례는 본 갈등 사례와 같이 관계성에 기인하여 비화되기도 한다. 특히, 지위의 우위가 분명한 상사와 부하직원의 관계가 악화되었을 때, 친밀하였던 당시의 여러 가지 언행들이 부하직원에게는 괴롭힘으로 다가올 수 있다. 상사이건 부하직원이건 그때는 친분 관계였지만 지금은 친분 관계가 안 될 수도 있다. 그러나 회사는 개인 간 불화에 대하여 직장 내 괴롭힘으로 접수된다면, 신고인의 의사에 따라 사건을 조사하고 조치하여야 할 의무가 있다. 때문에 평소 회사는 직장 내 괴롭힘 등 사건으로 비화되지 않도록 직원 고충접수 채널을 설치하고 내외부 위원을 위촉하여 조직관리를 할 필요가 있다.

또한 직장 내 괴롭힘은 개인 대 개인, 집단 대 개인 등의 관계에서 비롯되는 것으로 대부분 관련한 명확한 입증자료가 없을 수 있다. 따라서 회사는 신고인의 의사에 전적으로 따르되 판단의 애매모호함을 해소하기 위하여 최대한 당사자 및 관련인 조사를 진행하고, 구체적이지 않다 하더라도 조사 이후 사안에 대한 개괄적인 설명을 통해 사건 당사자의 의구심을 해소하고 불필요한 오해를 방지하여야 한다.

2) 교훈

직장 내 괴롭힘 사건에서 회사는 조사자이자 처리자로서 신고인을 보호하되 객관적인 시각으로 사안을 견지하여야 한다. 특히, 특정한 언행에 대하여 당시 상황 및 분위기, 당사자의 반응 등을 확인하여야 하며, 사건의 근원적 원인에 대하여 고민해볼 필요가 있다. 당장의 직장 내 괴롭힘 사건 해결도 중요하나, 이후 회사에의 미칠 영향을 고려하고 재발을 방지하기 위하여 근로자 인식조사 및 개선교육, 직장 내 괴롭힘 예방교육, 직급별 특별 인식교육, 조직문화 캠페인, 기타 인사노무관리 방안을 모색할 필요도 있다.

신고인의 경우 감정적 주장은 최대한 절제하고, 본인의 주장 및 그 정황, 뒷받침하는 입증자료를 구비하여야 분리 조치 및 사과, 피신고인 징계 등 본인이 원하는 피신고인에 대한 요구사항이 관철될 수 있다. 또한 직장 내 괴롭힘을 당한 경우, 상대방에게 중단 요구 의사를 명확히 밝혀서 해당 언행이 본인의 고통을 유발함을 인지시킬 필요가 있다. 또한 외부의 조언을 받고 판단하여 최대한 신속히 고충 접수 또는 신고를 하여야 본인의 피해를 최소화할 수 있고, 그래야 진정성도 의심받지 않게 된다.

피신고인의 경우 판단 하에 무조건적인 부인으로 일관할 것이 아니라, 인정할 잘못은 인정하고 용서를 구하는 것이 오히려 사안의 해결에 도움이 될 수 있다. 다만 확실하지 않거나 기억이 나지 않는 사안의 경우 가정적 표현으로 가해 사실을 인정하지 않아야 억울한 상황을 예방할 수 있다. 신고인의 경우와 마찬가지로 본인의 언행에 대한 합리적 이유, 업무관련성, 입증자료를 마련해야 함은 당연하다.

사례 9

인사고과와 퇴직 갈등해결 사례

1 갈등의 배경

1) 기초 사실

근로자 A는 경기도 화성시 소재 플라스틱 제품을 주 생산품으로 하는 중소기업의 기업부설 연구소의 연구원이다.

A는 재직 중 연구소장의 정당한 업무 지시에 따르지 아니하며, 연구소의 타 연구원들과도 갈등을 심하게 유발하는 직원이다. 이러한 근무 태만 및 상사의 지시 명령 불복종 등의 원인으로 A는 인사고과 평가 결과 하위 등급으로 분류되었다. 연구소장은 근로자 A의 관리에 대한 어려움을 사용자에게 수차례 토로하였다.

이에 사용자는 A와의 면담 후 A에게 생산부로 부서 이동 발령을 통보하였다. 그러나 A는 기술연구소 연구원을 생산부 근로자로 발령하는 것은 업무 분장 형평성에 맞지 않는다고 주장하며 인사 조치에 대한 부당대우를 주장하면서 퇴사하였다.

근로자 A는 퇴사 이전에 사용자와 면담 중 스스로 퇴사하겠다고 하였지만 실업급여[27]를 수령할 수 있도록 권고사직 또는 해고 사유로 사직 처리해 줄 것을 요청하였다. 그러나 사용자 입장에서는 A의 가장 큰 퇴사의 사유는 조직과의 갈등과 인사고과에 대한 불만이었기에 권고사직이나 해고의 사유로 사직 처리할 수 없음을 전달하였다.[28]

이에 근로자 A는 사용자가 A의 요구를 들어줄 수 없음을 전달하는 과정에서 폭언을 하였고, 근무 당시 부서장 및 부서원들의 따돌림이 있었다는 내용으로 관할 고용센터에 "직장 내 괴롭힘"으로 진정하였다.

2 갈등 당사자와 쟁점

1) 부서에서의 따돌림

근로자 A는 기술연구소에서 과장급의 직책을 맡아 매우 중요한 업무를 맡고 있었다. A의 직무는 품질관리 책임자로 사내 조직의 모든 부서원들과 정보 공유 및 소통하면서 제품의 품질과 관련된 전반적인 업무를 처리해야 하는 업무로 핵심 역할을 해야 하는 책임자이다.

A와 업무 처리 중 조직 구성원들의 불만이 심화되었고 이에 연구소장이 A를 상담하였다. 그러나 A는 개선이 되지 않고 본인 주장만으로 업무를 처리하고 있었으므로 해당 부서원 및 타 부서원과의 소통은 이루어지지 않고 대화도 단절되어 부서에서는 따돌림의 대상이 되었다.

2) 사용자의 폭언

부서장의 보고를 받은 사용자가 근로자 A와 면담을 했을 때 A는 사용자가 본인에게 폭언을 하였다고 하나 실제 사용자는 자신이 무슨 폭언을 했는지 기억하지 못하고 있다.

사용자는 A와의 대화 중 A에 대한 충고의 말은 했으나 폭언은 하지는 않았다고 주장하였다. A는 사용자의 폭언이 있었다고 주장하니 사용자는 합의를 하기 위해 언어폭력을 시인하고 개선하는 내용으로 보고서를 제출하게 되었다.

3 갈등해결 및 협상 과정

1) 협상의 과정과 내용

(1) 근로자 A는 스스로 퇴사 의지가 있지만, 실업급여를 수령할 수 있도록 자신을 해고해 달라고 주장한다.

(2) 회사는 근로자 A가 동료 간 사회성이 부족한 것으로 판단하여 부서 이동을 권하였으나 근로자 A는 이에 동의하지 않음으로 결렬되었고 결국 근로자 A가 퇴사하게 되었다.

(3) 또한, 실업급여 대상여부를 다각적으로 검토하였지만, 부합하는 관련 근거 없음으로 이에 대하여도 기업은 불가함을 통보하였다.

(4) 근로자 A는 사용자와의 면담 시 사용자가 폭언을 하였으며, 직장 동료들도 자신을 따돌리는 등 "직장 내 괴롭힘"을 주장하며 진정하여 이로 인한 퇴사는 실업급여 대상자임을 주장하였다.

(5) 사용자는 이에 대하여 절대 폭언 등의 행위가 없었다고 주장함으로써 근로자 A는 본인의 원에 의한 의사표시 형식으로 퇴사를 하게 되었다.

표 2.9.1 협상의 과정과 내용

과정	내용
근로자 A의 목적	실업급여 수급
합의점 검토	① 권고사직 근로자의 귀책사유가 명확하지 않아 처리 불가
	② 원거리 원거리 사업장 근무 발령 조건에 부합하지 않아 불가
	③ 부서이동 인사고과 평가를 통한 강등 처리에 대하여 수용할 것을 권유하였으나 수용하지 않음
합의 결렬	① 근로자 A 직장 내 괴롭힘을 사유로 실업급여 수급 대상임을 주장
	② 사용자 폭언 행위에 대해 인정하지 않음

회사는 수급자격이 제한되지 아니하는 정당한 이직 사유(시행규칙 제11조제2항 별표 2)를 적용하여 해결하려 하였으나 해당 사항이 없는 것으로 판단하였다.

4 갈등협상 결과 및 합의

1) 근로감독관의 중재

감독관으로부터 근로자 A의 향후 생각을 확인 한 바 A는 실업 급여 수급 대상이 되지 않을 경우 지방노동 위원회까지 가겠다는 의지가 확인되었기에 조사 도중 서로 화해를 권하였다.

지금까지 직장 내 괴롭힘 등으로 고용노동부의 진정이 없었기에 본 진정이 직장 내 괴롭힘으로 처리된다 하여도 경고 조치로 처리할 수 있으며 기업에 미치는 불이익은 없으니 화해하고 본 진정사건을 종료하기를 권유하여, 이를 수용하여 합의하였다.

그림 2.9.1 직장 내 괴롭힘 사건 처리 및 흐름도

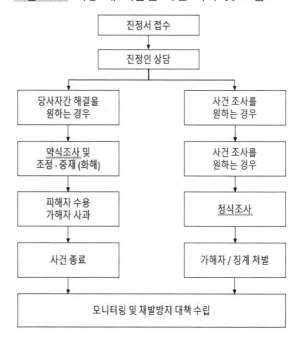

2) 합의에 따른 행정 조치

(1) 기업

직장 내 괴롭힘을 인정하는 내용과 개선 조치한 내용과 향후 개선하겠다는 내용의 "직장 내 괴롭힘 관련 개선 결과 보고서"를 작성 제출하였다. 이 보고서는 고용노동부에서 요청한 주요 내용이기도 하다..

표 2.9.2 직장 내 괴롭힘 관련 개선 결과 보고서

<직장 내 괴롭힘 관련 개선 결과 보고서>

가. 직장 내 괴롭힘 관련 조사 개요 및 진행 내용 경과
나. 행위자에 대한 조치 내용
다. 피해 근로자에 대한 조치 내용
라. 조직문화 진단 경과 및 후속 조치 내용
마. 직장 내 괴롭힘 예방 및 대응체계 점검 및 개선내용

(2) 근로자 A

A는 진정(고소) 건에 대하여 처벌을 원하지 않는다는 의사 표시에 따른 유의사항 고지 사실 확인을 하고 진정(고소) 취하서에 자필 서명을 하였다.

그림 2.9.2 서면 진정(고소) 취하서

진 정 (고소장) 취 하 서

1. 당사자
○ 피해자(진정인, 고소인)

성 명		주민등록번호	
주 소		전 화	

○ 피진정인(피진정인, 피고소인)

성 명		핸드폰번호	
사업체명		소재지	

2. 취하 사유 및 형사처벌에 관한 의사
가. 취하 사유 : 실업급여인정

< 체불금품 수령내역 >

계	임금	퇴직금	기타금품

나. 형사 처벌을 희망하는지 여부 : 원하지 않음

선견	지휘장		
접수일자		과장	전결
접수번호			
정리과	근로개선지 도2과	담당자	■■■

2022. ■■ 성명 :   (인)

■■■지방고용노동청 귀하

처벌을 원하지 않는다는 의사표시에 따른 유의사항 고지 사실 확인

1. 귀하는 의정부고용노동지철에 제기한 임금 등 체불사건과 관련하여 체불사업주에 대한 처벌을 원하지 않는다는 의사를 표시하였습니다.
2. 체불사업주에 대한 처벌을 원하지 않는다는 귀하의 의사표시는 철회 할 수 없습니다.
3. 귀하가 체불사업주에 대해 처벌을 원하지 않음으로써 같은 내용에 대해 다시 신고할 수 없습니다.

(질문1) 귀하는 위와 같은 내용에 대해 근로감독관으로부터 통보받았습니다.
(답) 예, 통보 받았습니다.   성명 :   (인)

(질문2) 귀하는 앞으로 동일 사안에 대해 다시 사건을 제기할 수 없으며 처벌을 원하지 않는다는
       의사를 철회 할 수도 없음을 충분히 이해하였습니까?
(답) 예, 알고 있습니다.   성명 :   (인)

(질문3) 귀하는 어느 누구로부터 강요를 받지 않고 자발적인 결정으로 취하서를 제출한 것입니까?
(답) 예, 그렇습니다.   성명 :   (인)

5 갈등협상의 특징과 교훈

1) 인적자원관리의 미흡

경력직 직원의 채용 과정에서는 주로 이력서에 의한 경력을 보고 간단한 면담 후 채용을 하게 된다. 경력직 직원의 경우 반드시 전 직장 등에 조회하여 평판을 확인하여야 할 것이다.

평판 등을 조회하지 않고 경력만 보고 수습 기간 없이 채용을 결정하는 인사 시스템을 개선하여야 할 것이다.

2) 갈등 심화 이전의 선 조치 미흡

연구소장은 갈등이 심화되기 이전 선 조치 노력을 했다고는 하였으나 적극적으로 상대방을 이해하고 관심을 가지고 해결하려는 저극적인 자세로 노력하기 보다는 연구소장이 사용자에게 바로 보고 하여 사용자로 하여금 의사결정을 내리도록 떠넘긴 형국이 발생되었으며, 상황을 충분히 숙지하지 못한 사용자가 직접 해결하려다 보니 상호간에 불신이 확산되어 바람직하지 못한 결과를 가져왔다.

3) 조력자의 역할 부재

중소기업의 특성상 문제 발생 시 해당 부서장은 사용자에게 문제 해결을 의존하는 분위기와 사용자 권한의 힘으로 인하여 근로기준법 및 갈등

관리에 대한 전문적 지식 없이 상담에 임하는 분위기가 개선되어야 한다.

부서 내에서 발생한 갈등으로 해당 부서장이 부서원에 대하여 조력자로서의 역할을 수행할 현실적 어려움으로 인하여 당시 해당 부서의 갈등 상황을 인사 책임자에게 보고 하였더라면 하는 아쉬움이 남는다. 만일 이러한 상황이 공유되었더라면, 인사 책임자는 그 갈등 상황을 파악하고 객관적 입장에서 조력자의 역할로 갈등해결에 도움이 되는 합리적 의사결정을 내림으로써, 갈등 상황이 종료될 수도 있었을 것이다.

4) 인사권 남용 문제

실용적인 갈등관리 기법에서 권장하는 방법은 "갈등 중에 감정이 격해지면 감정이 가라앉을 때까지 기다렸다가 행동하라."이다.[29] 당시 대표는 상담 과정에서 격해진 감정을 가라앉을 때까지 기다렸다가 이성적으로 해결하기보다는 격해진 감정으로 근로자가 수용하기 어려운 보직 변경의 상담을 이어가 감정과 갈등이 뒤엉켜 해결할 수 없는 갈등을 유발하게 되었던 것이다.

따라서 사용자의 부정적인 감정과 직관에 의하여 직급에서 크게 벗어난 일방적 보직 변경의 조치는 사용자의 권리남용으로 근로기준법 위반과 갈등을 심화하게 되는 원인을 제공함으로써 문제 해결보다는 화를 더 키운 결과를 초래하였다.

부록

부록 2.9.1 [고용보험법 시행규칙 별표 2] 근로자의 수급자격이 제한되지 아니하는 정당한 이직사유(제101조 제2항 관련)

1. 다음 각 목의 어느 하나에 해당하는 사유가 이직일 전 1년 이내에 2개월 이상 발생한 경우

가. 실제 근로조건이 채용 시 제시된 근로조건이나 채용 후 일반적으로 적용받던 근로조건보다 낮아지게 된 경우

나. 임금체불이 있는 경우

다. 소정근로에 대하여 지급받은 임금이 「최저임금법」에 따른 최저임금에 미달하게 된 경우

라. 「근로기준법」 제53조에 따른 연장 근로의 제한을 위반한 경우

마. 사업장의 휴업으로 휴업 전 평균임금의 70퍼센트 미만을 지급받은 경우

2. 사업장에서 종교, 성별, 신체장애, 노조활동 등을 이유로 불합리한 차별대우를 받은 경우

3. 사업장에서 본인의 의사에 반하여 성희롱, 성폭력, 그 밖의 성적인 괴롭힘을 당한 경우

3의2. 「근로기준법」 제76조의2에 따른 직장 내 괴롭힘을 당한 경우

4. 사업장의 도산·폐업이 확실하거나 대량의 감원이 예정되어 있는 경우

5. 다음 각 목의 어느 하나에 해당하는 사정으로 사업주로부터 퇴직을 권고받거나, 인원 감축이 불가피하여 고용조정 계획에 따라 실시하는 퇴직 희망자의 모집으로 이직하는 경우

가. 사업의 양도·인수·합병

나. 일부 사업의 폐지나 업종전환

다. 직제개편에 따른 조직의 폐지·축소

라. 신기술의 도입, 기술혁신 등에 따른 작업형태의 변경

마. 경영의 악화, 인사 적체, 그 밖에 이에 준하는 사유가 발생한 경우

6. 다음 각 목의 어느 하나에 해당하는 사유로 통근이 곤란(통근 시 이용할 수 있는 통상의 교통수단으로는 사업장으로의 왕복에 드는 시간이 3시간 이상인 경우를 말한다)하게 된 경우

가. 사업장의 이전

나. 지역을 달리하는 사업장으로의 전근

다. 배우자나 부양하여야 할 친족과의 동거를 위한 거소 이전

라. 그 밖에 피할 수 없는 사유로 통근이 곤란한 경우

7. 부모나 동거 친족의 질병·부상 등으로 30일 이상 본인이 간호해야 하는 기간에 기업의 사정상 휴가나 휴직이 허용되지 않아 이직한 경우

8. 「산업안전보건법」 제2조제2호에 따른 "중대재해"가 발생한 사업장으로서 그 재해와 관련된 고용노동부장관의 안전보건상의 시정명령을 받고도 시정기간까지 시정하지 아니하여 같은 재해 위험에 노출된 경우

9. 체력의 부족, 심신장애, 질병, 부상, 시력·청력·촉각의 감퇴 등으로 피보험자가 주어진 업무를 수행하는 것이 곤란하고, 기업의 사정상 업무 종류의 전환이나 휴직이 허용되지 않아 이직한 것이 의사의 소견서, 사업주 의견 등에 근거하여 객관적으로 인정되는 경우

10. 임신, 출산, 만 8세 이하 또는 초등학교 2학년 이하의 자녀(입양한 자녀를 포함한다)의 육아, 「병역법」에 따른 의무복무 등으로 업무를 계속적으로 수행하기 어려운 경우로서 사업주가 휴가나 휴직을 허용하지 않아 이직한 경우

11. 사업주의 사업 내용이 법령의 제정·개정으로 위법하게 되거나 취업

당시와는 달리 법령에서 금지하는 재화 또는 용역을 제조하거나 판매하게 된 경우

12. 정년의 도래나 계약기간의 만료로 회사를 계속 다닐 수 없게 된 경우

13. 그 밖에 피보험자와 사업장 등의 사정에 비추어 그러한 여건에서는 통상의 다른 근로자도 이직했을 것이라는 사실이 객관적으로 인정되는 경우

제83조 (해고사유)

근로자가 다음 각호의 1에 해당하는 경우에는 징계 해고한다. 다만, 개전의 정이 현저할 때에는 정상을 참작하여 승급정지, 또는 감봉, 정직, 강등으로 할 수 있다.

1. 사내에서 사전에 회사의 허가 없이 집회, 연설, 방송, 선전 또는 문서의 배포, 첨부, 게시 기타 정치활동 등 이에 준하는 행위를 하였을 때

2. 회사의 허가를 받지 아니하고 타인의 사업 경영에 참가하거나 노무를 제공하거나 공직에 취임하였을 때

3. 성명, 생년월일, 학력, 경력을 과대 또는 과소하게 사칭하거나 은폐하여 부정한 방법으로 채용되었거나 노무를 제공하고 보수를 받으려는 목적이 아닌 다른 목적을 가지고 입사한 것이 판명되었을 때

4. 회사의 허가 없이 개인적 목적을 위해 회사의 명칭 또는 금전, 물품 등을 사용하거나 타인에게 대여하였을 때

5. 회사의 허가 없이 회사의 물품을 가지고 나가거나 가지고 나가려고 한 것이 확실할 때

6. 현장 기계기구, 시설설비, 재료, 물품 등을 고의 또는 과실에 의해서 파손시켰을 때

7. 업무상의 태만 또는 감독 불충분에 의해서 재해, 상해, 기타 중대한 사고를 발생케 하였을 때

8. 회사의 비밀을 타에 누설하거나 누설하려고 하였을 때

9. 업무상의 지위를 이용하여 제3자로부터 금품 또는 향응을 받거나 회사공금을 사용, 착복, 배임하거나 타인의 금품을 절취하였을 때

10. 상사의 허가 없이 근무지를 이탈하거나 타인의 직장에 출입하였을 때

11. 업무명령 또는 지시에 따르지 아니하고 상사에게 폭행, 협박을 가하거나 지시를 받은 사항을 고의로 지연시키는 등 직장질서를 문란케 하였거나 관계회사 및 동료근로자에게 폭행, 협박을 가하여 전치 3일 이상의 치료를 요하는 상처를 입혔거나 그 업무를 방해하였을 때

12. 특히 위험한 장소에서 흡연을 하거나 허가 없이 정해진 장소 이외에서 불을 피우거나 화기를 사용한 경우 또는 음주로 인하여 회사업무에 막대한 지장을 주거나 시설과 기물 등을 파괴한 때

13. 법령에 위반하여 유죄 판결을 받았을 때, 또는 범죄사실이 명백하거나 특별한 사정에 의하여 구속·기소되었을 때

14. 출근상태가 불량한 때 또는 연속하여 무단결근이 3일 이상이거나 6개월 사이에 무단결근이 10일 이상에 이른 때

15. 수습기간 중 근로자로서 적합하지 아니하다고 인정되거나 근무성적 또는 업무수행능력이 현저하게 불량하여 취업이 부적당하다고 사회통념상 인정된 때

16. 신체 또는 정신상의 질병으로 직무를 감당할 수 없거나 업무상 재해로 인하여 직장 복귀를 할 수 없게 된 경우 또는 휴직 후 복직원을 기간내 제출하지 않았을 때

17. 회사의 사정에 의하여 인사이동, 전근, 이적, 파견근무를 명하였을 때 정당한 이유 없이 이에 따르지 아니하였을 때

18. 정기 또는 임시 건강진단 결과 취업의 부적격자로 판정된 때

19. 사업운영상 부득이 감원을 하여야 할 사유가 있을 때

20. 본 규칙 제6조에 정한 금지사항을 위반하였을 때

21. 직장 내 괴롭힘 행위를 한 자

22. 기타 전 각호 사항에 준하는 사유가 있을 때

부록 2.9.3 당사 취업규칙 (권고사직 사유)

제105조 (성희롱의 금지와 처벌)

회사는 직장 내 성희롱에 대하여 다음과 같은 규정을 두고 엄격하게 적용한다.

2. 회사 내 성희롱과 관련하여 물의를 일으킨 근로자에 대하여는 해고, 권고사직, 감봉, 정직, 휴직, 배치전환, 출근정지, 견책이나 경고, 기타 이에 준하는 조치 등 징계조치를 취한다.

부록 2.9.4 진정(고소장)취하서 양식

1. 당사자 및 민원 접수번호
○ 피해자(진정인, 고소인)

성명		주민등록 번호	
주소		전화	

○ 피진정인(피고소인)

성명		전화	
사업체명		소재지	

2. 취하 사유 및 형사처벌에 관한 의사
가. 취하 사유 :

< 체불금품 수령내역 >

계	임금	퇴직금	기타금품

나. 형사처벌을 희망하는지 여부 :
※ 피신고인에 대한 형사처벌을 희망하지 않을 경우, 향후 이를 철회할 수 없고 동 사건에 대하여는 다시 진정이나 고소할 수 없음을 안내받아 알고 있음을 확인하고 별도의 종결통보는 요하지 않음.

20 . . .   취하인 성명 :   (인)
지방고용노동청장 귀하

처벌을 원하지 않는다는 의사표시에 따른 유의사항 고지 사실 확인

1. 귀하는 광주지방고용노동청에 제기한 임금 등 체불사건과 관련하여 체불사업주에 대한 처벌을 원하지 않는다는 의사를 표시하였습니다.
2. 체불사업주에 대한 처벌을 원하지 않는다는 귀하의 의사표시는 철회 할 수 없습니다.
3. 귀하가 체불사업주에 대해 처벌을 원하지 않음으로써 같은 내용에 대해 다시 신고할 수 없습니다.

(질문1) 귀하는 위와 같은 내용에 대해 근로감독관으로부터 통보받았습니까?
(답) 네, 받았습니다.   성명 :   (인)

(질문2) 귀하는 앞으로 동일 사안에 대해 다시 사건을 제기할 수 없으며 처벌을 원하지 않는다는 의사를 철회할 수도 없음을 충분히 이해하였습니까?
(답) 네, 이해하였습니다.   성명 :   (인)

(질문3) 귀하는 어느 누구로부터 강요를 받지 않고 자발적인 결정으로 취하서를 제출한 것인가요?
(답) 네, 맞습니다.   성명 :   (인)

선 결	청 장			결재	과 장	전 결
접수일	20 . . .	번호				
처리과	근로개선지도3과				담 당	

(팩스 :   )

사례 10
산업재해 보상 갈등해결 사례

우리나라의 갈등 발생 심각성을 살펴보면, 사회갈등지수가 2011년 OECD 29개 국가 중 5위였는데 2016년에는 3위를 차지하여 5년간 사회 갈등이 심화되었다.[30] 사회적 갈등을 비용으로 환산해 본 결과, 연간 82조 원에서 246조 원 사이로 추정되고 있다. 2018년 한국보건사회연구원의 보고서에 따르면, 갈등이 심각하다고 보고 있는 응답 비율은 80.3%로 조사되었다.[31] 갈등 중 가장 심각하다고 보고 있는 것은 보수와 진보 간 이념 갈등(85.2%)이었다. 그다음으로 정규직과 비정규직 간의 갈등(81.9%), 노사갈등(81.7%), 빈부갈등(79.8%), 개발주의와 환경보호주의 간 갈등(62.9%), 세대 간 갈등(58.1%), 지역 간 갈등(57.8%), 다문화 갈등(49.9%), 주택 소유자와 비소유자 간 갈등(52.7%) 등으로 파악되었다. 당시 우리나라 국민들은 이념 갈등(진보 대 보수), 노사갈등, 경제 갈등(빈부격차), 일자리 갈등, 세대갈등, 지역갈등 등의 순으로 갈등의 심각성을 인식하고 있는 것으로 나타났다. 이처럼 우리의 사회갈등은 개선되지 못하고 고착화되어가고 있었다.[32]

이러한 갈등의 유형 중에서 노사갈등은 노동자와 회사 사이에서 발생하는 갈등으로 통상 노사갈등은 노동자와 기업 간에 임금, 근로 시간, 복지, 고용이나 해고, 기타 대우 등과 같은 근로 조건에 대해 서로 주장하는 내용이 다를 때 나타나는 현상이다. 본 사례는 근로자와 회사 간 산업재해와 퇴직을 둘러싼 노사갈등의 진행과 결과를 소개할 것이다.

1 갈등의 배경

원고 A(55세 남성 근로자)는 경기도 안산시 소재 대형 냉장고를 주 제품으로 생산하는 중소기업의 서비스 팀에서 근무하는 근로자이다. A는 20여 년의 근속기간 중 성실하고 책임감 있는 근로자로 서비스팀의 상급 기술 역량을 갖추고 있었다.

A는 서비스팀의 두 가지 직무 영역인 제품 설치와 AS(After Service)를 전담하는 팀장의 역할을 수행하고 있었다. A는 서글서글한 인상에 성격과 친화력이 좋은 편이었고 동료들로부터 평가도 좋았고, 중간 관리자와의 관계도 매우 좋았다. 뿐만 아니라 경영진들 역시 A에 대해 매우 우수한 직원으로 평가하고 있었다.

20**년 12월 신규 출고 제품을 설치하기 위하여 A는 단독으로 대형 냉장고를 설치 장소로 옮기고 있었다. 계절은 겨울이었고 영하의 날씨에 설치장소의 바닥에 물이 있었던지 살짝 얼어있었다. A는 바닥이 얼어있는 것을 확인하지 못한 채 냉장고를 옮기다가 미끄러져 냉장고와 함께 넘어져 다리 골절상을 입게 되었다.

이에 A는 산업재해 요양급여 대상자로 인정되어 1년여 간 수술과 재활 치료를 받게 되었다. 회사에서는 당연히 신속히 산재처리를 하고 입원 기간 중 수시로 병원을 방문하여 위로함과 동시에 완쾌 후 즉시 복직할 수 있도록 하겠다며 직장에 대한 불안감을 느끼지 않도록 최선을 다하였다. A는 병원에서 충분한 치료를 한 후 복직하여 회사에 출근을 하게 되었다. 하지만 A는 장애등급을 받았고, 회사에서는 A의 성실성과 책임감 있는 태도 등을 고려하여 현장 근무 대신에 배제하고 사무실에서 현장 근로자들을 관리 감독하고 현장 근무자의 업무량을 배정하는 등의 관리 직무를 제안하였다. A도 이 제안을 흔쾌히 수락하고 한동안 성실히 근무하고 있었다.

그러나 A는 다시 출근한지 1개월 후 갑자기 퇴직 의사를 밝혔다. 회사 입장에서는 유능한 직원의 퇴사로 아쉬움이 컸지만 본인의 희망에 따라 원만히 퇴사를 하도록 조치하였다.

그런데 A가 퇴사 후 회사를 상대로 여러 건의 진정과 고소, 그리고 손해배상 청구 소송을 제기하였다는 것을 고용노동부 근로개선지도과, 법원, 경찰서 형사과에서 발송한 피의자 신분 출석 요구의 공문서를 수신하며 알게 되었다. 진정 및 고소, 손해배상 청구 소송의 내용을 정리하면 표 2.1.1과 같다. 접수기관은 경찰서, 법원, 그리고 고용노동부의 세 곳이며 그 접수 내용은 구체적으로 아래에서 설명하도록 한다.

표 2.10.1 진정, 고소 및 소송 제기의 내용

NO	접수기관	대상	접수내용
1	경찰서	기업(대표)	업무상 과실치상
2	법원	기업(대표)	손해배상 청구 소송
3	고용노동부	기업(대표)	산업안전보건법 위반
4			근로기준법 위반 (52시간 근로)
5			근로자퇴직급여보장법 위반 (퇴직급여 기한 내 미지급)
6			근로기준법 위반 (임금 지연지급)

1) 업무상 과실치상

A는 본인이 단독으로 설치를 진행하였던 대형 냉장고가 단독으로 설치할 수 없는 중량물임에도 불구하고 회사는 제품을 단독으로 설치하도록 방치하였다고 주장하였다. 결과적으로 A는 본인이 단독으로 감당할 수 없는 수준의 중량물을 옮기다가 사고가 발생하였다는 주장을 하면서 경찰서에 사용자(회사)를 업무상 과실치상 죄로 적용하여 고소하였다.[33]

2) 손해배상 청구

A는 산업재해로 요양 기간 중 요양급여 수급을 임금의 70%만 수령하였기에 임금의 30%에 해당하는 미수령 급여를 지급하기를 요청하였다. 또한 A는 골절사고로 인하여 장애 진단을 받아 향후 정상적으로 취업 및 근로가 불가하다는 이유를 들어 손해배상을 청구하였다.

이에 회사는 A의 요구사항에 대하여 수용할 수 없다는 취지의 내용증명을 A에게 발송하였다. 결국 A는 법원에 민사소송으로 손해배상 청구 소송을 진행시켰다.[34]

3) 산업안전보건법 위반

A는 사용자가 근로자에게 산업안전보건법에 따른 중량물 취급 안전교육을 실시하지 않았으며 회사가 이 법을 준수하지 않았기 때문에 발생한 사고라고 주장하며 고용지청 산업안전보건과에 진정을 제기하였다.[35]

4) 근로기준법 위반(주당 52시간 근로 미 준수)

제품 설치 지역은 전국적으로 이루어지고 있으므로 수도권 이외의 지역은 협력 서비스센터를 통하여 설치 업무를 위탁하고 있지만, 설치 여건이 어렵거나 까다로운 경우는 담당자가 직접 지방 현지로 출장을 가서 직무를 수행하게 된다. 이러한 이유로 간혹 현장 사정상 근로시간 이내 완료하지 못하는 경우가 발생하며 계약 근로시간을 초과하면서 설치를 완료하게 된다. 이를 근거로 A는 회사가 주 52시간 근로 규칙을 위반한 사업장이라며 관할 고용지청에 진정을 제기하였다.[36]

표 2.10.2 근로시간제도 변천

기 간	법정근로시간	연장근로	휴일근로	최대 실근로시간
1953~1989년	48시간(월~토)	12시간	8시간(일)	68시간
1989~1990년	46시간(월~토) ※土는 6시간	12시간	8시간(일)	66시간
1990~2004년	44시간(월~토) ※土는 4시간	12시간	8시간(일)	64시간
2004~2018.6	40시간(월~금)	12시간	16시간 ※토, 일 휴일	68시간
		12시간	8시간(일) ※토는 휴무일	60시간
2017. 7 ~	40시간(월~금)	12시간		52시간

출처: 월간노사 FOCUS 통권 제192호.

5) 근로기준법 위반(임금 미지급-퇴사 후 14일 이내 금품 미 정산)

A는 잔여 임금 2일 치에 대하여 퇴사 후 14일 이내 미지급을 주장하며 고용지청에 진정을 제기하였다.[37]

6) 근로자퇴직급여보장법 위반

A가 근무하던 기업은 근로복지공단의 퇴직연금 가입 사업장이며 A의 고용보험 상실 신고일은 당월 2일이므로 근로자 퇴사 시 14일 이내에 모든 금품을 지급하여야 한다는 근로기준법에 따라 퇴직급여는 당월 16일 이내에 지급하여야 하지만 회사가 당월 20일에 퇴직급여를 지급하였다.

이에 A는 퇴직급여 지급 지연 사유가 사업장에 있으므로 사업장은 근로자퇴직급여보장법을 위반하였다고 주장하며 관할 고용지청에 진정을 제기하였다.[38]

2　갈등의 쟁점과 당사자 주장

1) 업무상 과실치상

(1) 근로자 A 측 주장

근로자 A는 사고 당일 아침 부서장에게 인원 지원 요청을 하였으나 지원 가용 인원이 없다고 혼자 처리하도록 지시하였고 추가 인원 지원이 없었기에 발생한 사고였다고 주장한다.

(2) 사용자 B 측 주장

사용자 B는 A가 다루던 제품은 승강기를 이용하여 이동하는데 전혀 문제가 없었으며, 사고의 원인은 당시 겨울이라 바닥의 얼음이 원인이었으며, A가 주장하는 중량물에 의한 사고가 아니라고 주장한다.

뿐만 아니라 A가 주장하는 대로 혼자 다룰 수 없는 제품이었다면 A는 현장에서 단독으로 대형 제품을 이동하는 것이 아니라, 즉시 부서장에게 연락하여 인원 지원 요청을 하도록 하는 것이 관례로 이루어지고 있었다.

그럼에도 불구하고 원고가 인원 지원 요청을 하지 아니하였음은 원고 스스로 단독으로 이동 가능하다고 판단하고 단독으로 이동하다 발생한 사고로 원인은 원고 본인의 부주의로 인한 사고였다고 주장한다.

2) 손해배상 청구

(1) 근로자 A 측 주장

근로자 A는 사고로 인하여 수술 후 후유증 및 장애등급을 이유로 정상적인 근로가 불가능하며 향후 수년간 근로하지 못할 수 있기에 그에 대한 보상 청구라고 주장하고 미수령 급여 30%와 별도의 손해배상을 요구하였다. 이와 관련하여 사용자가 불가함을 의사표시로 발송한 내용 증명을 수령한 A는 병원에 입원 중 손해 사정인의 권유에 의한 행위로 법원에 손해배상 청구 소송을 접수하였다.

(2) 사용자 B 측 주장

근로자 A가 요양 기간을 종료하고 정상 출근 시 사용자는 장애등급을 받은 A를 배려하여 A로 하여금 현장 근무가 아닌 현장 직원을 관리하는 직무를 제시한바, 처음에는 A도 이를 흔쾌히 수락하였으나, 추후 태도를 바꾸어 사직서를 제출하였다.

산업재해로 요양 기간 중 요양급여 수급은 관련법으로 정해져 있으며 사업장에서는 산업재해 요양급여 수급자에게 별도의 30% 임금을 지급할 법적 근거가 존재하지 않는다.

또한, 조직 공정성 이론을 바탕으로 판단해 볼 때 모든 근로자는 공정하고 평등하게 관리되어야 하므로 A에게만 특별하게 적용하여 30%의 임금을 추가로 지급할 수는 없다.

뿐만 아니라 A가 주장하는 상당액의 금원에 대해 손해사정인에게 의뢰해서 적정한 손해배상 금액을 확인한 결과 당사에서 합의금으로 지급할 수 있는 금액은 수백만 원으로 산출되었다며 이와 관련 내용으로 내용증명을 발송하였다.

3) 산업안전보건법 위반

(1) 근로자 A 측 주장

근로자 A는 사용자가 근로자에게 산업안전보건법을 준수하여 중량물취급 안전 교육을 제공하지 않았으며 관련법을 준수하지 않아서 발생한 사고라고 주장하며 고용지청에 진정을 제기하였다.

(2) 사용자 B 측 주장

부서장과 함께 팀장인 근로자 A는 설치 팀장으로서 관련 업무와 연계된 교육을 내부적으로 정한 교육 일정에 직접 교육을 하고 있었으며 제품취급 시 안전 교육도 진행하였다. 그러나 교육 매뉴얼이나 관련 자료를 보관하지 않아 A가 주장하는 안전 교육 미진행과 중량물 취급 교육을 진행하였던 증거 자료는 제출되지 않은 상태이다.

4) 근로기준법 위반(52시간 근로 미 준수)

(1) 근로자 A 측 주장

근로자 A의 직무 특성상 제품 설치는 전국적으로 이루어지고 있으며 지방 설치 시 현지 출장을 가서 제품을 설치하기도 한다. 매번 출장으로 설치하는 것은 아니지만, 지역마다 협력서비스센터가 있기 때문에 간단히 설치하는 것은 협력서비스센터에서 실시하고, 비교적 설치가 어렵거나 현장 설치 환경이 까다로운 경우는 근로자 A가 직접 출장을 가서 설치하기도 한다.

이러한 이유로 간혹 현장 사정 상 근로시간 이내 완료하지 못하는 경우도 발생하므로 간혹 법정 근로시간을 초과하면서 설치 완료하는 경우도 발생한다. A는 이를 근거로 주 52시간 근로 미 준수 사업장으로 고용지청에 진정을 제기하였다.

(2) 사용자 B 측 주장

현장에 제품 설치를 진행하다 보면 1일 근로시간이 연장되어 마무리되는 경우가 종종 발생한다. 그럴 때면 해당 부서장이 확인하여 연장 근로시간에 해당하는 시간에 대하여 부서장이 구두로 그다음 날 또는 본인 필요시 조기 퇴근을 하도록 근로시간을 탄력적으로 운영하였다. 그러나 A는 조기 퇴근으로 탄력적 운영한 보상 근로시간에 대한 사실이 없다고 주장한다.

5) 근로기준법 위반(임금 미지급-퇴사 후 14일 이내 금품 미 정산)

(1) 근로자 A 측 주장

잔여 임금 2일 치에 대한 임금을 퇴사 후 14일 이내 미지급을 주장하며 고용지청에 진정을 제기하였다.

(2) 사용자 B 측 주장

근로자 A는 퇴사 의사를 전달하는 과정에서 본인이 사용하지 않은 연차 사용의 완료 일 기준으로 사직하겠다는 의사로 다음 달 2일이 퇴사일이 되었다. 회사의 임금 정산은 이번 달 1일 ~ 말일까지 정산하여 다음 달 10일에 지급한다.

A의 퇴사 일은 다음 달 2일로 임금 지급 예정인 이번 달 임금대장 정산이 완료되어 재무 담당자가 A에게 다음 달 지급하는 것으로 동의를 구하고 A도 동의하여 전 직원 다음 달 임금 지급일인 10일에 2일 치 임금을 지급하였다. 다음 달 임금지급 동의는 구두로 진행되었고 A도 구두로 동의하였다.

6) 근로자퇴직급여보장법 위반

(1) 근로자 A 측 주장

근로자 A는 퇴직급여 2일 연장 지급 사유가 사업장에 있으므로 사업장은 근로자퇴직급여보장법을 위반하였다고 고용지청에 진정을 제기하였다.

(2) 사용자 B 측 주장

근로자 A가 근무하던 기업은 근로복지공단의 퇴직연금 가입 사업장이며 A의 고용보험 상실 신고가 당월 2일이므로 퇴직급여는 고용보험 상실 신고일로부터 14일 이내에 지급해야 하며, 기업은 해당 월 16일(금요일)에 퇴직급여를 정산 완료하여 근로복지공단에 접수하였고 접수 당일 근로자에게 전달된 알림 톡에는 근로자가 접속하여 동의할 수 있도록 근로복지공단의 링크가 함께 전달된다. A가 링크로 근로복지공단에 접속하여 즉시 동의를 하였다면 공단에서 퇴직급여 지급에 대한 업무를 진행하고 있었기에 16일(금요일) 또는 다음 주 월요일인 19일 까지는 퇴직급여를 지급할 수 있었다.

A는 16일(금요일)에 도착한 알림 톡을 2일 뒤인 18일(일요일)에 동의하였으나 근로복지공단의 퇴직급여 담당자가 그 당시 처리할 수 있는 업무 시스템이 원활하지 못해 19일(월요일)에 지급하지 못하였고 휴일 제외, 2일 뒤 20일(화요일)에 지급하게 되었다.

사용자 B는 근로복지공단에 14일 이내에 접수하게 되면 그 책임을 다하게 된다. 그런데 근로복지공단의 업무 프로세스와 A의 동의 행위는 사용자가 통제할 수 없는 권한 밖의 행위로 사용자에게 그 책임을 묻는 것은 지극히 현실에 맞지 아니하며 신의성실의 원칙에도 부합하지 않는다.

위와 같은 양 당사자의 주장을 표 2.10.3에 정리하였다.

표 2.10.3 산재보상 갈등 당사자의 주장

진정내용	근로자 A의 주장	사용자 B의 주장
업무상 과실치상	안전사고는 사용자의 책임	본인 부 주의
손해배상 청구	장애로 현장일 불가 사유로 배상	배상 금액 산출 , 근로자 요청 금액 타당성 없음
산업안전보건법 위반	중량물 취급 안전 교육 미 진행	매주 월요일 교육 진행 했으나 교육 일지 및 교육 자료 미 보유
근로기준법 위반(52시간 근로 미 준수)	지방 출장 및 현장에서의 연장 근로로 52시간 초과	현장에서 발생한 연장근로에 대하여 필요시 해당 시간에 대하여 조기 퇴근 으로 보상
근로기준법 위반 (임금, 퇴사 후 14일 이내 금품 미 정산)	퇴사 시점 2일 임금 14일 초과 지급	근로자 동의 득하여 처리함으로 위반하지 않음
근로자퇴직급여 보장법 위반	14일을 초과 지급	14일 초과 사유는 회사 잘못이 아니다

3 갈등해결 및 협상 과정

근로자 A가 퇴사 후 회사를 상대로 진정, 고소, 손해배상 청구 소송을 제기하였을 때, 회사 측의 인사부서의 이사 C는 근로자 A에게 왜 이런 상황을 만들게 되었는지를 물었다. 그러자 근로자 A는 새로운 관리업무를 하는데 있어서 컴퓨터 활용능력의 부족, 관리자의 리더십, 사무환경에 대한 부적응에 관한 문제에 대해서 대표와 상담을 한 적이 있다고 말했다. '그 과정에서 본인은 자존심이 상했으며 또 돈 받을 목적으로 진정을 제기한 것이 아니고 법적으로 해결되기를 바라는 마음으로 진정을 제기한 것이다.' 라고 말했다.

인사부 이사 C는 대표에게 A의 마음에 대해 전달을 하고 어떤 말씀을 하셨는지 물었다. 대표는 조언을 하는 마음으로 "컴퓨터 능력은 배우면 된다, 배울 수 있도록 기회를 주겠다."고 말하였다. "나는 자기를 생각해서 한 말인데 그것을 곡해를 했으면 그 얘기를 좀 하지 왜 바로 진정을 했을까 하는 서운한 마음이 크다."고 하였으며 이어 대표는 "이 사례가 협상을 통해서 보상을 하게 되면 다른 근로자들에게 비슷한 사례가 또 발생할 것을 우려하여 법적으로 대응하기로 결정을 했다."고 말하였다.

인사부 이사 C는 대표가 단호하게 결정을 했으므로 근로자 A와 다시 접촉을 할 경우 예상치 못한 정보를 주거나 녹취가 될 것을 걱정하여 다시 접촉하지는 않고 고용노동부와 경찰서에 출석하여 충실하게 소명하였다.

1) 업무상 과실치상

사용자 B와 C는 관할 경찰서에 출석하여 조사를 받았다. B는 근로자 A의 부주의로 인한 사고라고 주장하고 보관된 일부 과거의 교육 자료를 제출한 결과, 경찰서에서는 최종 혐의 없음으로 결정하였다. 그러나 A는 이에 불복하여 검찰청으로 재 고소하였고 B와 C는 검찰에 출석하여 재조사를 받았다.

2) 손해배상 청구

사용자 B와 C는 근로자 A가 요구하는 손해배상 청구 소송에 대하여 타당성이 없다고 판단하여 변호사를 선임하여 이의를 제기하였다.

3) 산업안전보건법 위반

근로자 A가 주장하는 산업안전보건법을 위반하여 중량물 취급 안전 교육이 이루어지지 않았다고 하였으나, 당시 A가 직접 참여하여 진행된 중량물 취급 안전 교육이 구두로 이루어짐에 대하여 근거자료가 불충분하여 경찰에 진술로 주장하는 것 외에 별다른 방법이 없었다.

4) 근로기준법 위반(52시간 근로 미 준수)

원거리 출장 및 야근 업무에 대한 보상이 이루어졌으나 서비스 지원부의 사무 행정 능력의 부재로 충분히 구두 보상 처리한 것에 대한 증거자료가 없어서 고용노동부에 구두 진술로 주장하였다.

5) 근로기준법 위반(임금 미지급-퇴사 후 14일 이내 금품 미 정산)

당시 근로자 A와 대화로 탁상용 달력에 2일에 대한 임금은 나중 임금 정산 시 함께 지급해도 된다는 A의 동의 내용을 메모한 탁상용 달력 증거물과 A와 미팅 시 동석한 재무팀장의 사실 확인서를 첨부하여 고용노동부와 검찰에 제출하고 진술하였다.

6) 근로자퇴직급여보장법 위반

사용자 B와 C는 근로자 A에게 전송된 알림 톡과 A가 동의한 기간이 2일 소요되어 주말과 휴일을 포함하여 이틀 뒤에 지급된 사실에 대해 진술하였다. 또한 B와 C는 퇴직급여 지급 요청 신청서도 14일 이내에 이루어진 사실을 기록한 홈페이지 증거 자료를 출력하여 제출하였다. 결론적으로 결정적인 미지급 사유는 근로복지공단의 업무 프로세스와 A의 늦은 동의가 원인임을 B가 진술하였다.

4 갈등해결 결과

업무상과실치상, 산업안전보건법 위반, 근로기준법 위반(52시간 근로) 건에 대해서는 약식기소, 벌금형 300만원으로 결정되었다. 근로자퇴직급여보장법 위반과 근로기준법 위반(임금지연지급) 건은 혐의 없음으로 결정되었고 손해배상 청구소송 건은 민사재판에서 300만원 지급으로 결정되었다.

표 2.10.4 사건별 진행 현황

NO	접수내용	판결 결과
1	업무상과실치상	약식기소 벌금형 300만원
	산업안전보건법 위반	
	근로기준법 위반 (52시간 근로)	
2	근로자 퇴직급여 보장 법 위반 (퇴직급여 기한 내 미지급)	혐의 없음
3	근로기준법 위반 (임금 지연지급)	혐의 없음
4	손해배상 청구 소송	300만원 지급 최종 판결

5 갈등해결의 특징과 교훈

1) 사례의 특징

(1) 감정의 문제가 진정과 소송으로 확대됨

사용자와 근로자가 서로의 의도를 오해하여 부정적인 감정이 발생하였고 이를 적절하게 대처하지 못함으로써 소모적인 진정과 소송으로 확대되었다.

(2) 진정 사건이 고용노동부에서 검찰 고소로 접수

근로자 A가 최초에는 근로기준법 위반(52시간 근로 미 준수)의 진정건으로 시작하였으나 이후에 업무상과실치상, 손해배상 청구, 산업안전보건법 위반, 근로기준법 위반 (임금 미지급-퇴사 후 14일 이내 금품 미정산), 근로자퇴직급여보장법 위반 등 5건을 계속 진정을 하였다. 고용노동부의 담당자는 혐의 없음으로 조사를 종결하려고 하였으나 근로자 A가 쉽사리 인정을 하지 않고 또 다른 진정을 할 것이라고 예측하였다. 그래서 진정건에 대해서 검찰로 사건을 이관하였다.

(3) 현장직의 근로시간 관련 증거자료 미비로 불이익

사용자는 현장직의 연장근로시간에 대해서는 팀장이나 부서장으로 하여금 구두로 보고 받고 차후에 조기퇴근 등으로 적절하게 보상하도록 하였다. 따라서 사용자는 근로기준법을 준수하였으나 내부 규정 및 근로기준법 준수에 대한 증거물 부재로 근로자 A의 위반 주장에 대하여 충분히 입증되지 못하여 불이익을 받은 측면이 있다. 만약 입증되었다면 고용노동부에서 종결이 되었을 것으로 판단된다.

(4) 외부 제3자에 의한 해결

근로자 A는 처음부터 제3자에 의한 해결 방법을 모색하였고 손해사정인, 변호사 사무소의 사무장 등 외부 수단으로 해결하려고 하였으므로 초기 단계 노사 간의 해결할 수 있는 방법이 있었음에도 불구하고 장기적으로 진행되고 있는 사례이다.

2) 사례의 교훈

(1) 조직에서 감정적 갈등해결의 중요성

본 사례는 조직에서 흔하게 발생하는 오해와 감정의 문제가 제대로 해결되지 못하고 진정과 소송으로 확대된 사례이다. 감정은 갈등을 지배한다. 우리가 직면하는 갈등은 대부분 낯선 사람보다 가까운 사람과 경험한다. 특히 조직에서 권력이 있는 대표와 권력이 없는 근로자 사이에서 발생하는 갈등은 오해를 일으키기가 쉽다. 대표는 근로자를 생각하는 마음으로 조언을 하지만 근로자 입장에서는 그것을 무시나 지시로 받아들여 자존심이 상하거나 상처를 받는 경우가 많다.

기존의 갈등협상은 합리주의를 전제로 접근하였다. 하지만 1950년대 노벨상 수상자인 허버트 사이먼에 의하면 인간은 이성적이고 합리적인

의사결정자로서는 형편없다는 사실을 설명하였다.[39]

많은 실용적인 갈등관리 기법에서는 "갈등 중에 감정이 격해지면 감정이 가라앉을 때까지 기다려라." "감정을 극복하고 이성적으로 바라보라."라고 조언한다. 이런 조언들은 감정이 갈등 중에 잠깐 생겼다가 사라지는 경우나 그저 불편함이 약한 경우에만 유용하다. 감정이 갈등의 원인이 되거나 갈등과 뒤엉켜 있을 경우에는 유용하지 않다. 이런 경우에는 감정이 이성을 압도한다.[40]

본 사례는 상대에게 조언을 할 때, 내 기준, 내 관점으로 할 경우에 의도치 않게 오해와 상처를 주어 갈등이 증폭된다는 것을 알려준다. 그럼으로써 조직에서 불필요한 비용 발생과 소모적인 소송을 예방하고자 한다면 상대의 입장과 상황을 세심하여 고려해서 조언을 할 필요가 있음을 배울 수 있다. 특히 자존심과 감정이 중요한 우리나라의 경우는 더욱 신경을 쓸 필요가 있다.

(2) 법적 대응보다 협상을 통한 문제해결의 중요성

사건 초기 인사부 이사 C가 갈등의 원인이 감정이라는 것을 파악하였다. 만약 대표가 근로자에게 괘씸함을 느끼지 않고 근로자의 마음을 공감을 하고 C에게 근로자 A와 협상을 해보도록 의사결정을 했다면 어떻게 되었을까? 그랬다면 C는 다양한 협상기법을 준비하여 협상을 시도하거나 협상전문가에게 의뢰하여 처리했을 것이다.

자존심과 감정이 갈등의 원인이 된 경우, 먼저 근로자의 감정을 조심스럽게 다루어주는 것이 필요하다. 근로자에게 감정을 배출할 수 있는 기회를 주어야 한다. 하지만 너무 오랫동안 그 감정에 머무르게 하는 것은 근본적으로 문제해결을 방해한다. 그러므로 감정을 다루는 데 있어서 공감하기 또는 감정이입 같은 전문적인 스킬을 잘 활용해야 한다.41) 그 이후에 근로자가 원하는 이해관계와 욕구 등을 잘 파악하였다면 적절한 협상기법으로 더 나은 결과를 도출하였을 가능성이 존재한다. 보다 적극적으로 대안을 도출하여 해결 방안을 찾았더라면 장기적으로 진행되지 않았을 것이다. 따라서 조직은 근로자와의 갈등해결을 위해 전문적으로 감정을 다루는 방법들을 훈련하여 역량개발을 할 필요가 있다.

(3) 조직 관리 및 운영 측면의 교훈

첫째, 업무상 과실치상에 대하여 정기적인 중량물 취급 교육과 중량물에 대한 안전관리규정을 제정하여 실천하여야 하고 규정대로 교육 진행자료(사진자료 포함) 보관은 필수적이다.

둘째, 산업안전보건법 위반에 대하여 산업안전보건법에 따른 관련 기초자료 준비와 교육이 우선 되어야 하고 모든 교육 이후 관련 자료는 증거물로 보관이 필요하다.

셋째, 근로기준법 위반(52시간 근로 미 준수)에 대하여 52시간 근로시간 준수, 근로 필요시 해당 근로에 대하여 명확한 업무 처리로 연장 근로 및 휴일 근로 수당 및 대체 연차 지급은 정상적 절차에 따라 이루어지고 문서화되어야 한다.

넷째, 근로기준법 위반(임금 미지급-퇴사 후 14일 이내 금품 미 정산)에 대하여 근로자 퇴사 후 모든 금품 지급은 14일 이내 반드시 처리하도록 한다. 퇴사자 발생 시 퇴사일 기준으로 금품 지급에 대한 업무 처리 담당자 인식을 제고하고 즉시 실행하도록 한다.

다섯째, 근로자퇴직급여보장법 위반에 대하여 근로자 퇴사 일 그다음 날을 기준으로 사전에 퇴직급여를 정산하여 7일 이내로 지급 신청 업무를 진행하도록 한다.

부록

부록 2.10.1 [형법 268조] 업무상 과실치상죄

업무상 과실로 인하여 사람을 사상에 이르게 함으로써 성립하는 범죄이다. 본죄는 업무 라는 신분관계로 인하여 형이 가중되는 가중적 구성요건이다.

그러나 그러한 가중의 근거에 대해서는 (1) 업무자에게는 특히 무거운 주의의무가 과하여지기 때문에 고도의 주의의무를 태만히 한 점에서 형이 가중된다는 견해와, (2) 주의의무는 동일하지만 업무자에게는 고도의 주의 능력이 있으므로 위법성이 크다는 점에서 무겁게 벌하는 이유가 있다는 견해 및 (3) 업무자의 주의 의무는 일반인과 동일하지만 업무자에게는 일반적으로 결과에 대한 예견 가능성이 크기 때문에 그 책임이 보통 사람의 중과실의 경우와 같다고 보는 견해 등으로 나뉘어져 있다.

업무상 요구되는 주의 의무의 정도는 행위의 주체가 일정한 위험성 있는 업무에 종사하는 자이므로, 그만큼 보통인보다 높다. 곧 그 업무에 종사하는 자에게 일반적으로 요구되는 보통의 주의 능력을 표준으로 한다.

본 죄에서 말하는 업무란 「사람이 사회생활상의 지위에 기하여 계속하여 행하는 사무」를 말한다. 대법원도 본죄의 업무에 관하여 「사람의 사회생활 면에 있어서의 하나의 지위로서 계속적으로 종사하는 사무를 말하고 반복 계속의 의사 또는 사실이 있는 한 그 사무에 대한 각별한 경험이나 법규상의 면허를 필요로 하지 않는다.」라고 판시하고 있다.

[대법원 판례]

업무상 과실치사상죄에 있어서의 업무란 사람의 사회생활면에 있어서의 하나의 지위로서 계속적으로 종사하는 사무를 말하고, 여기에는 수행하는 직무 자체가 위험성을 갖기 때문에 안전배려를 의무의 내용으로 하는 경우는 물론 사람의 생명·신체의 위험을 방지하는 것을 의무내용으로 하는 업무도 포함된다 할 것이다(대법원 2007. 5. 31. 선고 2006도3493).

부록 2.10.2 산업재해보상보험법 요양급여

산업재해보상보험법 요양급여는 의료보험과 산업재해보상보험에서 지급하는 보험급여 중 가장 기본적인 급여를 말한다.

여기에는 ① 진찰(診察)·검사, ② 약제(藥劑) 또는 치료재료의 지급, ③ 처치(處置)·수술 및 그 밖의 치료, ④ 예방·재활 ⑤ 의료시설에의 수용(입원), ⑥ 간호(看護), ⑦ 이송(移送) 등이 포함되며, 산업재해보상보험의 경우와 기타 고용노동부령으로 정하는 사항도 요양급여의 범위에 속하도록 되어 있다(국민건강보험법 41조, 산업재해보상보험법 40조 4항). 이와 같은 요양급여는 건강보험의 경우에는 조합과 계약이 체결된 보건의료기관(保健醫療機關), 또는 약국이나 조합이 설치·운영하는 의료기관 등의 특별한 장소에서 허용된다.

산업재해보상보험법상의 요양급여는 요양비의 전액으로 하되 고용노동부령으로 지정된 의료기관에서 요양을 받게 되어 있고(현물급여), 다만 부득이한 경우에는 요양비를 지급하게 되어 있다(현금급여). 한편, 산업재해보상보험의 경우에 상병(傷病)이 3일 이내의 요양으로 치유될 수 있을 경우에는 요양급여가 주어지지 않고, 사업주에게 책임이 남아 있다.

근로기준법과 함께 산업재해방지를 위한 유해·위험 방지 기준의 확립, 책임 체제의 명확화, 자율적 활동의 촉진의 촉진을 조치하는 등 그 방지에 관한 종합적, 계획적인 대책을 추진하는데 의해 직장에서 근로자의 안전과 건강을 확보하고 아울러 쾌적한 작업환경의 형성을 촉진하는 것을 목적으로 하여 1981년 12월 31일에 제정된 법률이며, 2021년 1월 16일에 전문이 개정된 안전보건의 기본이 되는 법률이다.

이 법률은 12장으로 구성되었으며, 목적 정의 등을 규정한 총칙, 안전보건관리체제, 안전보건관리규정, 유해·위험의 예방조치, 근로자의 보건관리, 감독과 명령, 산업재해예방기금, 보칙, 벌칙 등이 규정되어 있다. 또, 이 법률은 산업안전보건법 시행령, 산업안전보건법 시행규칙, 산업안전기준에 관한 규칙, 산업보건기준에 관한 규칙 등의 기준이 있다.

부록 **2.10.4** 법정근로시간

① 법정근로시간이란 만 18세 이상의 성인 근로자의 경우에 1일 8시간, 1주일 40시간을 의미하며(「근로기준법」 제50조), 당사자 간에 합의하면 1주간에 12시간을 한도로 제50조의 근로시간을 연장할 수 있다(동법 제53조제1항). 당사자 간에 동의 또는 희망이 있는 경우라 하더라도 '법정 연장근로시간'을 초과할 수 없다. 그러나 당사자 간에 합의하면 1주간에 12시간을 한도로 제51조의 근로시간을 연장할 수 있고 제52조제2호의 정산 기간을 평균하여 1주간에 12시간을 초과하지 아니하는 범위에서 제52조의 근로시간을 연장할 수 있다(동법 제53조제2항). 사용자는 특별한 사정이 있으면 고용노동부 장관의 인가와 근로자의 동의를 받아 법 제53조제1항과 제2항의 근로시간을 연장할 수 있다(동법 제53조제3항).

② 연소근로자(15세 이상 18세 미만)의 경우에는 1일 7시간, 1주일에 35시간의 기준근로시간을 초과하는 근로(동법 제69조)가 모두 연장근로에 해당한다.

③ 「산업안전보건법」 제139조제1항은 "사업주는 유해하거나 위험한 작업으로서 높은 기압에서 하는 작업 등 대통령령으로 정하는 작업에 종사하는 근로자에게는 1일 6시간, 1주 34시간을 초과하여 근로하게 해서는 아니 된다."고 규정하고 있다. 위 규정에 의하여 근로시간이 1일 6시간, 1주 34시간으로 제한되는 작업은 동법 시행령(제99조제1항)에서 규정하고 있는 '잠함·잠수작업 등 높은 기압에서 하는 작업'을 말한다. 또한, 「산업안전보건법」 제139조제1항은 "사업주는 대통령령으로 정하는 유해하거나 위험한 작업에 종사하는 근로자에게 필요한 안전조치 및 보건조치 외에 작업과 휴식의 적정한 배분 및 근로시간과 관련된 근로조건의 개선을 통하여 근로자의 건강 보호를 위한 조치를 하여야 한다."고 규정하고 있다.

부록 2.10.5 근로기준법

제36조(금품 청산) 사용자는 근로자가 사망 또는 퇴직한 경우에는 그 지급 사유가 발생한 때부터 14일 이내에 임금, 보상금, 그 밖의 모든 금품을 지급하여야 한다. 다만, 특별한 사정이 있을 경우에는 당사자 사이의 합의에 의하여 기일을 연장할 수 있다.

부록 2.10.6 근로자퇴직급여보장법

제9조(퇴직금의 지급 등) ① 사용자는 근로자가 퇴직한 경우에는 그 지급사유가 발생한 날부터 14일 이내에 퇴직금을 지급하여야 한다. 다만, 특별한 사정이 있는 경우에는 당사자 간의 합의에 따라 지급기일을 연장할 수 있다. <개정 2021. 4. 13.>

② 제1항에 따른 퇴직금은 근로자가 지정한 개인형퇴직연금제도의 계정 또는 제23조의8에 따른 계정(이하 "개인형퇴직연금제도의 계정 등"이라 한다)으로 이전하는 방법으로 지급하여야 한다. 다만, 근로자가 55세 이후에 퇴직하여 급여를 받는 경우 등 대통령령으로 정하는 사유가 있는 경우에는 그러하지 아니하다. <신설 2021. 4. 13.>

③ 근로자가 제2항에 따라 개인형퇴직연금제도의 계정 등을 지정하지 아니한 경우에는 근로자 명의의 개인형퇴직연금제도의 계정으로 이전한다. <신설 2021. 4. 13.>

[14일의 계산법]

사용자는 근로자가 사망 또는 퇴직한 경우에는 그 지급사유가 발생한 때부터 14일 이내에 임금, 보상금, 그 밖에 일체의 금품을 지급하여야 한다.

다만, 특별한 사정이 있을 경우에는 당사자 사이의 합의에 의하여 기일을 연장할 수 있다.

사용자가 근로자에게 대한 금품청산 시기의 기산점은 '지급사유가 발생한 때' 즉 근로자가 퇴직, 해고, 사망 등 근로관계가 종료한 때이다.

이때 퇴직과 관련하여 '그 지급사유가 발생한 때'라 함은 '근로자가 사직원을 제출하여 사용자가 이를 수리한 날'을 말한다.

취업규칙이나 단체협약으로 금품의 지급기한이나 방식을 달리 정해 두었다고 하더라도 임금의 지급기일은 퇴직, 사망, 해고 등 지급사유가 발생한 날이 기산점이 된다.

지급기일 연장에 관한 합의는 사용자에게 지급의무가 있는 14일 이내의 일정한 시점에서 법정 기일 내에 임금을 지급하지 못할 불가피한 특별한 사정이 존재해야 하고 그 사유를 바탕으로 당사자 간 별도의 지급기일 연장에 관한 합의가 있어야만 그 시점까지 연장할 수가 있다.

퇴직, 해고, 사망 등으로 근로관계가 종료되는 등 지급사유가 발생한 날로부터 기산하되 민법상 초일 불산입 원칙에 따라 소정근로일 등과 관계없이 역일로 계산한다.

즉, 근로관계가 종료된 그 다음날부터 기산하여 14일 이내에 금품을 청산해야 한다.

퇴직의 경우, 오늘 근로를 제공하고 사직서를 제출하여 사용자가 당일 수리했다면 내일부터 기산하여 14일이 되는 날까지가 될 것이고, 어제까지 근로를 제공한 후 오늘은 단지 사직서만 제출하고 근로를 제공한 사실이 없다면 고용관계는 어제로써 종료되므로 오늘부터 기산하여 14일이 되는 날까지를 청산 의무기간으로 보아야 할 것이다.

이 같은 논리로 퇴직일은 계속 근로연수에 산입하지 않는다.

만약 사용자가 사직서 수리를 기피하였을 경우 사직서를 제출한 날로부터 1개월이 경과한 다음날에 퇴직한 것으로 보아야 한다.

예를 들어 4.15. 근로관계를 종료하였다면 4.16부터 기산하여 공휴일 등을 포함한 달력상 14일째가 되는 4.29 24:00까지 청산하여야 하고 법 위반 책임은 4.30 00:00부터 적용한다.

제3부

노동갈등해결 사례의 비교분석과 시사점

제1장
노동갈등해결 사례의 비교분석

1 노동갈등해결 사례의 구조분석 비교

제2부에서 분석한 10가지 노동갈등 사례의 분류와 순서는 다음과 같이
정리된다.

[집단노동분쟁]

사례 1. 분단위 유연근무제 도입과 윈윈협상 사례(단체교섭)

사례 2. 공공부문 비정규직의 정규직 전환 사례(단체교섭)

사례 3. 서비스업 노사임금교섭 사례(임금교섭)

사례 4. 단시간근로자의 수당 복지 차별 갈등해결 사례(차별 심판 소송)

[개별노동분쟁]

사례 5. 채용관련 성차별갈등 협상 사례(차별 갈등 협상)

사례 6. 육아휴직 관련 노사갈등해결 사례(휴직 갈등 심판)

사례 7. 징계와 부당해고 갈등해결 사례(징계 갈등 화해)

사례 8. 직장 내 괴롭힘 해결 사례(직장 내 괴롭힘)

사례 9. 인사고과와 퇴직 갈등해결 사례(직장 내 괴롭힘)

사례 10. 산재보상 갈등해결 사례(산재 진정 소송)

각 사례별 구조분석을 결합하여 비교하면 표 3.1.1과 같다. 갈등당사
자, 갈등쟁점, 갈등원인, 입장, 이해관계는 갈등을 분석하는 기본 요소로
서 사례를 이해하는데 도움이 된다. 해결기법과 해결조력은 비교를 위해

별도로 다음 절에서 분석하겠다.

표 3.1.1 노동갈등해결 사례별 구조분석표

제목	사례 1. 분단위 유연근무제 도입과 윈윈협상 사례	사례 2. 공공부문 비정규직의 정규직 전환 사례
갈등당사자	C부처 및 산하 A공공기관 B교수 및 B교수 소속 D노동조합	H대학 부속 A기관 A기관 소속 시설담당 근로자 H대학 생활협동조합(자회사)
갈등쟁점	- 공공기관 교수의 정부정책 비판에 따른 개인징계 - 기관의 직원 복무관리 개선	A 기관 독립에 따른 생협직원 근로자승계
갈등원인	- 공공기관 소속 교수의 정부 정책 비판에 따른 기관 불이익 - 수기복무관리에 따른 복무 관리 불투명성	- 용역→자회사→공무직등 잦은 소속 변경으로 인한 근로자 지위불안 - 공무직 전환방법 및 근로자 처우개선 방안
입장	기관 A : 부처 C 요구수용 교수 B : 학문의 자유보장 부처 C : 교수 B 징계 노조 D : 교수 B지지	A기관 : 정부가이드라인 준수 H대학 생협 : 업무위탁계약에 따른 근로자 전원승계 근로자 : 정규직전환 및 처우 개선
이해관계	-기관 A : 교수 B 미징계시 예산 및 인원감축 등 불이익 우려 -노조 D : 교수 개인의 학문의 자유는 보장해야 하나 기관 불이익은 조합원에게도 손해	-A기관 : 원만한 노사협의를 통한 근로자 승계절차 마무리 -H대학 생협 : A기관으로의 고용승계를 통해 노무관리 부담완화 -근로자 : 전원고용승계 및 근로조건 대폭향상
해결기법	- 협상목표에 대한 인식공유 - 상대방의 욕구와 이해관계 파악 - 합의를 위한 기준설정 및 대안제시	- 정규직전환 관련 유관기관 사례조사 - 전문가 조력을 통한 합리적 대안마련 - 노사협의 및 개별근로자 면담을 통한 이해관계 파악
해결조력	- 협상담당자 변경 및 협상횟수 확대	- 노사전문가위원회 구성 및 운영을 통한 합리적 대안마련

제목	사례 3. 서비스업 노사 임금교섭 사례	사례 4. 단시간근로자의 수당·복지 차별 분쟁해결 사례
갈등 당사자	-노동조합(과반노조) -회사(서비스업, 그룹사)	-S교육청 산하에 공립초등학교 시간제 돌봄전담사 -S학교 사용자
갈등 쟁점	임금인상률	근속수당과 맞춤형복지비 차별
갈등 원인	임금인상률에 대한 의견 차이	전일제 돌봄전담사의 처우 대비 차별 대우
입장	-노동조합: 임금 7% 인상 교통비 5만원 인상 식대 2만원 인상 -회사: 임금 3.5% 인상	-근로자: 근속수당과 맞춤형복지비를 지급 요구 -사용자: 전일제 대상 지급, 제척기간 도과
이해 관계	-노동조합: 쟁의행위 추진 어려움 제2노조 세력 확장 내부 조합원 의견 -회사: 지주사 결재 필요 쟁의행위 발생 시 손실 상당 발생 투자 필요성(시장 급변 가능성)	-근로자: 전일제 돌봄전담사와의 차별 수용 못함 -사용자: 차별이 아니라 규정에 따른 정당 처우
해결 기법	-상대방 이해관계 분석 -노동위원회 조정	-노동위원회 심판 판정, 법원 행정소송
해결 조력	노동위원회	-노동위원회 심판위원

제목	사례 5. 채용관련 성차별갈등 협상 사례	사례 6. 육아휴직 관련 노사갈등 해결 사례
갈등당사자	-팔래스 레스토랑 사장 헨리 박 (박명일 전무) -팔래스 레스토랑 과장 이안실	-근로자(비서, 육아휴직 신청) -회사(제조업, 중견기업)
갈등쟁점	지배인 채용심사에서 성차별	-업무역량 부족 -육아휴직 신청
갈등원인	지배인 채용 탈락으로 회사에 불만	업무 역량 부족에 대한 입장 차이
입장	-이안실: 채용 상 성차별 -헨리 박(박명일): 공정한 심사	-근로자: 근로시간 유연 적용 가능 인수인계 미 이행 업무지적 없음 -회사: 임의 퇴근 불가 역량부족(경력 의심) 총무의 지적
이해관계	-이안실: 승진과 경력개발 -헨리 박(박명일): 전문성 있는 지배인 채용	-근로자: 육아휴직 사용, 경제적 이익 확보 -회사: 근로관계 종료
해결기법	-경청, 공감 -상대 이해관계 파악과 옵션개발	-화해
해결조력	사장을 대신하여 박명일 전무가 경청과 옵션개발 조력	노무사, 노동위원회

제목	사례 7. 징계와 부당해고 갈등해결 사례	사례 8. 직장 내 괴롭힘 해결 사례
갈등 당사자	-전자제품 생산 근로자 -부서장	-팀원(신입) -팀장(영업팀)
갈등 쟁점	취업규칙 개정 회람 과정 중 본인 배제	-퇴근 이후 업무지시 -반말, 폭언 -사생활 침해 의 업무적정성
갈등 원인	폭력	-일련의 언행에 대한 시각 차이 -업무수행 과다에 관한 구조적 문제(경력자 부족)
입장	-근로자: 차별 대우 -부서장: 업무 비협조	-팀원: 즉각 분리 정식 징계 -팀장: 재발 방지 사과 업무 질책에 대한 감정적 대응 여부 고려
이해 관계	-근로자: 차별 대우로 인한 근로자 불이익 방지 -부서장: 업무 협조와 존중	-팀원: 업무상 분리 개인적 감정에 따른 대응 -팀장: 재발 방지 사과 회사 조치에 대한 대응 고려
해결 기법	-인사위원회를 통한 적극 경청 -화해	-조사자의 적극 경청 -조사자의 객관적 자료 확인을 통한 중립적 자세 견지 -화해
해결 조력	노무사, 노동위원회	조사자

제목	사례 9. 인사고과와 퇴직 갈등해결 사례	사례 10. 산업재해 보상 갈등해결 사례
갈등 당사자	-플라스틱 제품 생산기업 대표 -연구원	-대형 냉장고 생산기업 대표 -설치 팀장
갈등 쟁점	부서 내 따돌림	-손해배상 -산업안전보건법 위반 -근로기준법 위반 (주 52시간 근로 미 준수) -퇴직급여 보장 법 위반
갈등 원인	사용자의 폭언	요양 기간 임금 100% 지급 요청
입장	-권고사직 -강등 발령(인사 조치)	-기업대표: 진정 내용 위반 사실 없음 -근로자: 안전교육 미준수로 상해 발생, 근로기준법 위반
이해 관계	-실업급여 수급 -평가에 준한 인사발령 수용	근로자 : 손해배상
해결 기법	-적극 경청 -화해	-진정 -민사소송
해결 조력	-근로감독관의 중재	대표자 대신 변호사 및 노무사

2 노동갈등해결 사례의 해결기법

앞의 표에서 갈등의 해결기법은 사례 간에 비교할 필요가 있다. 각 사례에서 갈등이 어떻게 해결되는지 비교해봄으로써 노동갈등이 해결되는 메커니즘을 이해할 수 있다. 표 3.2.2는 노동갈등사례의 분쟁해결방법을 분류하여 그 해결기법을 요약하고 있다.

표 3.1.2 노동갈등 사례의 분쟁해결 분류와 해결기법

분류	분쟁해결	사례 제목	해결기법
집단 노동분쟁	단체교섭	사례 1. 분단위 유연근무제 도입과 원원협상 사례 사례 2. 공공부문 비정규직의 정규직 전환 사례	상대방 이해관계 파악 2회 합의기준설정 1회 옵션개발 1회 유사사례 조사 1회 전문가 조력 1회
	임금교섭, 조정	사례 3. 서비스업 노사임금교섭 사례	상대방 이해관계 파악 1회 조정 1회
	심판, 행정소송	사례 4. 단시간근로자의 수당 복지 차별 갈등해결 사례	심판 1회 행정소송 1회
개별 노동분쟁	협상	사례 5. 채용관련 성차별갈등 협상 사례	경청 1회 상대방 이해관계 파악 1회 옵션개발 1회
	심판 화해	사례 6. 육아휴직 관련 노사 갈등해결 사례 사례 7. 징계와 부당해고 갈등해결 사례	경청 1회 화해 2회
	중재 화해	사례 8. 직장 내 괴롭힘 해결 사례 사례 9. 인사고과와 퇴직 갈등해결 사례	경청 2회 화해 2회 조사자 중립성 1회
	민사소송	사례 10. 산업재해 보상 갈등해결 사례	진정 1회 민사소송 1회
총계	대안적 분쟁해결 (8개 사례)	단체교섭 임금교섭, 조정 협상 심판 화해 중재 화해	경청 4회 상대방 이해관계 파악 4회 화해 4회 합의기준설정 2회 옵션개발 2회 전문가 조력 1회 조사자 중립성 1회 조정 1회
	소송 (2개 사례)	심판, 행정소송 민사소송	소송 2회 진정 1회 심판 1회

집단적 노동분쟁은 단체교섭, 임금교섭, 조정, 심판, 행정소송으로 해결되고 있고 개별적 노동분쟁은 협상, 심판 화해, 중재 화해, 민사소송으로 해결되고 있다. 분쟁해결방식별로 사례를 적시하고 그 해결기법의 빈도를 조사하였다.

분쟁해결방식을 재분류하여 대안적 분쟁해결(Alternative Dispute Resolution, ADR)과 소송으로 구분하여 해결기법을 집계하면 표 3.2.2의 하단에 정리되었다. 법적 소송으로 가지 않고 자율적으로 또는 제3자의 도움을 받아서 해결하는 대안적 분쟁해결의 기법들 중 가장 빈도가 많은 기법은 경청, 상대방 이해관계 파악, 화해이다. 이들은 8개 사례 중 각각 4개의 사례에서 관찰되는 기법들이다. 또한 합의기준설정과 옵션개발도 각각 2회로 조사되었다. 그 외 전문가 조력, 조사자 중립성, 조정이 각각 1회로 나타났다.

분쟁해결방식이 소송인 경우는 집단과 개별 노동분쟁에서 하나씩 사례를 포함하였다. 이들의 해결기법은 최종 소송으로 귀결되지만 진정이나 심판을 거치게 되어 있다. 진정이나 심판으로 시작해도 서로 화해로서 종료되면 대안적 분쟁해결로 분류되지만 소송으로 가서 종결되면 소송이 해결기법이 된다.

분쟁해결방식의 해결기법을 조사한 결과 대안적 분쟁해결은 상대방을 인정과 존중으로 대화를 통해 경청, 이해관계 파악, 옵션개발, 화해 등 자발적인 합의를 위한 노력이 중요한 것으로 파악되었다. 이에 반해 소송은 상대와 대화를 단절한 채 행정적, 사법적 판단을 받아보려는 특징을 보이고 있다. 추가적으로 유의할 점은 분쟁해결 이후에 당사자 상호관계가 대안적 분쟁해결에서는 잘 유지될 수 있지만 소송에서는 악화된 상태로 종료된다는 점이다.

제2장
노동갈등해결 사례의 교훈과 시사점

1 노동갈등해결 사례의 교훈 비교

　제2부 각 사례에서 도출된 핵심 교훈을 요약하면 표 3.2.1과 같다. 교훈은 사례별로 매우 다양하고 고유한 특징이 있지만 공통적인 부분도 상당히 존재한다. 교훈이 다양하게 나타나는 것은 노동갈등의 분류에 따라 교훈이 달라지고 갈등해결방법에 따라 교훈이 달라지기 때문이다.

　사례 1부터 사례 4까지는 집단적 노동갈등이고 사례 5에서 사례 10까지는 개별적 노동갈등이다. 집단적 노동갈등 내에서도 사례 1~3은 대안적 분쟁해결 또는 소송 외적 분쟁해결방법을 사용하고 있는데 반해 사례 4는 소송적 분쟁해결방법을 사용하고 있다. 개별적 노동갈등 내에서도 사례 5~9는 대안적 분쟁해결 또는 소송 외적 분쟁해결방법을 사용하고 있는데 반해 사례 10은 소송적 분쟁해결방법을 사용하고 있다.

　노동갈등의 사례별 교훈은 이러한 갈등의 집단성 여부에 따라 달라지고 소송 여부에 따라서도 달라진다. 집단적 노동갈등에서는 근로자의 참여, 노사신뢰, 노사공동이익 창출, 노동위원회 역할 등이 교훈으로 제시되고 있는데 반해 개별적 노동갈등에서는 이해관계 충족, 경청, 소통, 대화, 감정 관리 등이 교훈으로 제시되고 있다. 소송적 노동분쟁 사건에서는 소송 제기 시 대화와 협상, 조정으로 해결하기를 교훈으로 제시되고 있다.

표 3.2.1 사례별 핵심 교훈

사례	핵심 교훈
사례 1. 분단위 유연근무제 도입과 윈윈협상 사례	-노사의 위기를 '윈윈협상'으로 노사공동의 이익창출 -경쟁적 협상에서 '협력적 협상'으로 전환에 따른 양보와 신뢰구축 -노사협상에서 비금전적 처우개선의 중요성 인식
사례 2. 공공부문 비정규직의 정규직 전환 사례	-협상의 과정은 협상의 결과를 담보 -유관기관 사례조사 및 기존의 관행에 얽매이지 않는 새로운 대안개발을 통한 노사신뢰구축 -공식적인 기구를 통한 근로자참여 및 합의는 협상을 성공으로 이끄는 열쇠
사례 3. 서비스업 노사 임금교섭 사례	-협상력 강화를 위한 방안 모색 -성실 대응을 통한 감정적 반응 최소화 -제3자(노동위원회) 조력을 통한 객관성, 공정성 확보
사례 4. 단시간근로자의 수당·복지 차별 분쟁해결 사례	-소송제기 시 대안적 분쟁해결(ADR) 적극 활용 -공공기관의 노동문제는 중앙노동위원회의 판결 수용 -공공기관 기관장은 주인-대리인 문제를 예방하는 감독 필요
사례 5. 채용관련 성차별갈등 협상 사례	-법적 권리 이전 이해관계 충족 합의 추구 -경청과 개방형 질문의 소통기법으로 건설적 협상
사례 6. 육아휴직 관련 노사갈등 해결 사례	-신속한 의사결정을 통한 해결방안 모색 -의사표시의 명확성, 협력적 협상자세 필요성 등
사례 7. 징계와 부당해고 갈등해결 사례	-사소한 갈등 판단 -갈등 증폭 이전 당사자와의 소통
사례 8. 직장 내 괴롭힘 해결 사례	-신고인 보호 및 객관적 자세 견지 -문제 근원 파악 -감정적 대응 자제 -사실에 대한 인정 등
사례 9. 인사고과와 퇴직 갈등해결 사례	-갈등 선 조치 미흡 -당사자의 감정관리와 소통훈련 필요 -고충 상담관 제도 적극 활용
사례 10. 산업재해 보상 갈등해결 사례	-진정과 소송제기 시 대화와 협상으로 해결시도 -감정적 갈등해결의 중요성 -노동관계법 상 미비한 사항 개선으로 갈등 예방

표 3.2.2 사례 분류별 핵심교훈 빈도

분류	중분류	해결방법	핵심교훈 빈도
대안적 분쟁해결 (8개 사례)	집단적 분쟁	단체교섭 임금교섭, 조정	-협상과정에 근로자참여 및 합의 2회 -노사공동의 이익창출, 대안개발 2회 -감정관리, 양보, 신뢰구축 2회 -협상력 강화 방안 모색 1회 -중립적 제3자 조력의 활용 1회
	개별적 분쟁	협상 심판 화해 중재 화해	-갈등 증폭 이전 소통과 선 조치 3회 -감정관리, 경청, 소통훈련 필요 2회 -이해관계 충족, 협력적 협상 필요성 2회 -문제 원인, 사실관계 파악 2회 -명확하고 신속한 의사결정 1회 -고충 상담관 제도 적극 활용 1회
소송 (2개 사례)	행정소송	심판 행정소송	-소송제기 시 대안적 분쟁해결(ADR) 적극 활용 1회 -공공기관의 노동문제는 중앙노동위원회의 판결 수용 1회 -공공기관 기관장은 주인-대리인 문제를 예방하는 감독 필요 1회
	민·형사소송	진정 민·형사소송	-진정과 소송제기 시 대화와 협상으로 해결시도 1회 -노동관계법 상 미비한 사항 개선으로 갈등 예방 1회 -감정적 갈등해결의 중요성 1회

주: 비금전적 처우개선, 신고인 보호 및 객관적 자세 견지는 갈등해결 교훈 관련성 부족으로 생략함

앞에서 논의한대로 핵심 교훈이 사례 분류별로 특성이 달라서 표 3.2.2에서 사례 분류별 핵심 교훈의 빈도를 정리하였다. 대안적 분쟁해결과 소송으로 대별하고 다시 대안적 분쟁해결은 집단적 분쟁과 개별적 분쟁으로 구분하였다. 소송은 사례 수가 하나씩이지만 행정소송과 민·형사소송으로 구분하여 핵심 교훈을 살펴보았다.

대안적 분쟁해결에서 집단적 분쟁사례는 협상과정에 근로자 참여 및 합의 2회, 노사공동의 이익창출, 대안개발 2회, 감정관리, 양보, 신뢰구축

2회의 공통적 교훈을 보이고 있다. 단체교섭에서 쟁의가 발생하면 노동위원회의 조정절차가 진행될 수 있어서 중립적 제3자의 조력을 중요시하고 있다. 개별적 분쟁사례는 갈등 증폭 이전 소통과 선조치가 3회로 가장 큰 빈도이고 감정관리, 경청, 소통훈련 필요 2회, 이해관계 충족, 협력적 협상 필요성 2회, 문제 원인, 사실관계 파악 2회로 집계되어 당사자 간 소통과 협력이 중요함을 제시하고 있다.

소송 중 행정소송에서의 교훈은 소송제기 시 대안적 분쟁해결(ADR) 적극 활용, 공공기관의 노동문제는 중앙노동위원회의 판결 수용, 공공기관 기관장은 주인-대리인 문제를 예방하는 감독 필요가 각각 1회로 집계되어 소송 진행 전 협상과 조정의 노력을 중요시 하고 있다. 개인이 민·형사소송으로 직접 진행하는 경우 진정과 소송제기 시 대화와 협상으로 해결시도, 감정적 갈등해결의 중요성, 노동관계법 상 미비한 사항 개선으로 갈등 예방이 각각 1회로 집계되어 행정소송과 유사하게 소송 진행 전 대화, 협상, 감정해결 등을 시도할 것을 제시하고 있다.

이상의 사례 분류별 핵심 교훈의 분석에서 공통적, 특징적 교훈을 정리하면 다음과 같다.

(집단적 대안적 분쟁해결 교훈)
-협상과정에 근로자 참여, 노사공동의 이익창출, 감정관리, 신뢰구축

(개별적 대안적 분쟁해결 교훈)
-갈등 증폭 이전 소통, 감정관리, 경청, 이해관계 충족, 협력적 협상, 사실관계 파악

(행정 및 민·형사 소송 교훈)
-소송제기 시 대화, 협상, 조정 활용, 감정관리

이렇게 핵심 교훈을 정리한 결과 모든 노동분쟁해결에서 공통적으로 나타나는 교훈은 감정관리이다. 한국인의 특징이 반영되기도 한 교훈인 점도 엿볼 수 있는데 집단적이든, 개별적이든, 소송제기이든 감정의 관리가 그 만큼 중요하고 갈등해결과 예방의 중요요소로 새삼 발견하게 된다. 그리고 대화와 소통, 참여와 협력이 대부분의 분쟁해결에서 중요한 요소임을 알 수 있다.

2 노동갈등해결의 시사점과 금언

사례 분류별 핵심 교훈의 분석에서 발굴한 공통적, 특징적 교훈을 정리한 결과 매우 의미 있는 시사점들을 얻을 수 있다. 노동갈등에 처해 있는 당사자와 갈등해결의 조력자, 그리고 연구, 교육하는 전문가들에게 노동갈등해결을 위한 시사점을 금언(金言, maxim)으로 조각하여 제안하고자 한다.

1) 노동갈등의 상대방과 대화와 소통을 우선적으로 시도하라.

노동갈등이 어느 수준에서 어떤 형태로 발생하든지 간에 대화와 소통이 없는 상황에서 각자 행동으로 갈등을 증폭시킬 가능성이 매우 높다. 따라서 갈등의 당사자는 솔직한 대화와 소통을 시도하여 조기에 갈등을 해소할 것을 제안한다.

2) 대화와 소통 중에 스스로 감정을 다스리고 관리하라.

당사자들끼리 대화와 소통을 하더라도 감정을 상하게 하는 공격과 다툼으로 진행하면 오히려 갈등이 악화될 수 있다. 따라서 당사자들이 대화와 소통을 할 때는 감정을 다스리는 관리가 매우 중요하므로 감정관리를 제안한다. 갈등과정에서 감정문제가 중요한 것은 한국인의 특징 중 하나일 것으로 보인다.

3) 상호 양보와 타협으로 신뢰와 협력관계를 조성하라.

당사자들이 자신의 입장에 고착되어 있다면 진척이 어렵고 파국으로 다다를 가능성이 높다. 서로 조금씩의 양보와 타협을 하겠다는 자세로 임한다면 상호 신뢰와 협력 분위기를 조성할 수 있다. 그래서 각자 입장은 있지만 양보와 타협을 하겠다는 유연한 자세가 갈등을 해결하는 기본이다.

4) 자신과 상대방의 이해관계를 충족하는 윈윈협상을 도모하라.

당사자들이 모두 만족하는 윈윈협상을 원하고 있지만 방법을 모르는 경우가 많다. 핵심은 자신과 상대방이 진정으로 원하는 욕구인 이해관계를 파악하고 각자의 이해관계를 충족하는 옵션을 찾아야 한다. 그래서 윈윈협상을 원한다면 상대방의 이해관계를 먼저 충족하는 방안이 무엇일지 찾아보아야 한다. 그 방안이 자신도 만족하는 경우 윈윈에 도달하게 된다.

5) 노사는 공동의 이익을 창출하라.

노동조합과 사용자는 생산 활동의 공동체에 속해 있는 구성원이다. 그래서 노사는 서로 이해관계가 다를 수 있지만 공동체 내 공동의 이익이 반드시 존재하기 마련이다. 노사가 이해관계가 다른 부분에만 집착하지 말고 공동의 이익이 무엇인지 찾아서 달성하는 노력함으로써 갈등을 우회적으로 해결할 수 있다.

6) 소송으로 진행하기 전 대안적 분쟁해결을 시도하라.

노사갈등이 소송으로 진행되면 당사자의 직접 소통은 사라지고 각자 승리하기 위한 증거수집과 논리개발에 몰두하게 된다. 따라서 소송이 본격적으로 진행되기 전에 협상, 조정, 화해, 중재 등 대안적 분쟁해결을 시도할 것을 제안한다. 특히 노사갈등은 생산공동체 내의 갈등이어서 소송으로 해결된다는 것은 노사가 결별하거나 적대적 관계를 지속한다는 것을 의미하여 노사 모두 피해를 입을 수 있다. 따라서 소송 전 대안적 분쟁해결을 먼저 시도하여 그것이 불가능할 경우 소송으로 가는 것이 현명하다.

제1부 노동갈등해결의 이론과 실무

제1장 노동갈등의 유형과 특징

1) 원창희(2005), p.21.
2) 배인연(2002), pp153-154.
3) Patterson and Seabolt(2001), pp.174-176 참조.
4) 원창희, 전게서, p.12.

제2장 노동갈등의 구조 분석

5) 단체협약이 실효되었다고 하더라도 임금, 퇴직금이나 노동시간, 그 밖에 개별적인 노동조건에 관한 부분은 그 단체협약의 적용을 받고 있던 근로자의 근로계약의 내용이 되어 그것을 변경하는 새로운 단체협약, 취업규칙이 체결·작성되거나 또는 개별적인 근로자의 동의를 얻지 아니하는 한 개별적인 근로자의 근로계약의 내용으로서 여전히 남아 있어 사용자와 근로자를 규율하게 되는데, 단체협약중 해고사유 및 해고의 절차에 관한 부분에 대하여도 이와 같은 법리가 그대로 적용된다(대법원 2007.12.27. 선고 2007다51758 판결).
6) 고용노동부(2022), "집단적 노사관계 업무매뉴얼."

제3장 노동갈등의 해결방법과 스킬

7) 고용노동부(2022), 전게서.
8) Masters and Albright(2001), p.101.
9) 원창희(2021), pp.55-97, Masters and Albright(2001), pp.104-106.
10) 원창희(2016), p.133.
11) 원창희, 전게서, pp.144-148.
12) 원창희, 전게서, pp.155-171.
13) 원창희, 전게서, p.223.
14) Frey(2003), p.229, 원창희, 전게서, pp.241-242.
15) 원창희, 전게서, p.277.
16) '비정규직의 정규직 전환 가이드라인'은 상시 지속적 업무에 종사하는 공공부문 비정규직 근로자를 정규직으로 전환하기 위한 기준 및 방법, 처우개선 등을 담은 기획재정부의 정규직 전환 추진계획을 의미한다.

제2부 노동갈등해결의 사례

사례 4. 단시간근로자의 수당·복지 차별 분쟁해결 사례

17) 근속수당은 2017. 9월까지는 '장기근무가산금'이라는 명칭으로 불리었음.
18) ""법원 '시간제 돌봄전담사 복지비, 일한 만큼 지급하라.'" 이투데이, 2020.9.9.
19) 이투데이, 전게서.

사례 6. 육아휴직 관련 노사갈등해결 사례

20) 워라밸(WLB)은 Work-Life Balance로 직장과 가정의 균형을 맞춘다는 의미로 근로자들이 장시간 근로에서 벗어나 개인의 삶을 영위하도록 하여 삶의 만족을 제고하게 하는 방식의 정책을 통칭하는 개념이다. 최근 MZ세대를 포함하여 연장근로에 따른 수당 등 경제적 대가 대비 워라밸을 중시하는 인식을 보이고 있다.
21) CCTV 보관 기간의 관련 근거는 본 사례의 부록 2.2.1. 표준 개인정보보호 지침을 참고할 수 있다.
22) 보충역 및 현역의 대체복무제도로, 병무청에서 지정한 업체에서 병역으로서 대체복무를 하는 복무자이다.
23) 취업규칙의 관련 근거는 본 사례의 부록 2.2.2.를 참고할 수 있다.
24) 취업규칙의 관련 근거는 본 사례의 부록 2.2.2.를 참고할 수 있다.
25) 화해에 관한 법적 근거는 본 사례의 부록 2.2.3. 노동위원회법과 2.2.4. 노동위원회 규칙을 참고할 수 있다.
26) 피터 T. 콜먼, 로버트 퍼거슨(2014). 『갈등을 관리하는 방법』. 미래북스

사례 9. 인사고과와 퇴직 갈등해결 사례

27) 실업급여에 관한 법적 근거는 본 사례의 부록 2.3.1. 고용보험법 시행규칙 별표2를 참고할 수 있다.
28) 권고사직·해고의 사유는 본 사례의 부록 2.3.2와 2.3.3.을 참고할 수 있다.
29) 피터 T. 콜먼, 로버트 퍼거슨(2014), 전게서.

사례 10. 산업재해 보상 갈등해결 사례

30) 전국경제인연합회, "국가갈등지수 OECD 글로벌 비교." 2021년 8월 19일; 정영호·고숙자(2014), 『사회갈등지수 국제비교 및 경제성장에 미치는 영향』, p.77.

31) 한국사회보건연구소(2018). 『사회통합 실태 진단 및 대응 방안 보고서』.
32) 김대중(2019), 『사례분석을 통한 사회갈등의 유형별 해소방안에 관한 탐색적 연구』, 협상연구.
33) 과실치상 죄에 관한 법적 근거는 본 사례의 부록 2.1.1. 형법 제268조 업무상 과실치상죄 및 대법원 판례를 참고할 수 있다.
34) 산업재해의 보상 관련 근거는 본 사례의 부록 2.1.2. 산업재해보상보험법 요양급여를 참고할 수 있다.
35) 산업안전보건의 법적 근거는 본 사례의 부록 2.1.3. 산업안전보건법을 참고할 수 있다.
36) 법정근로시간의 법적 근거는 본 사례의 부록 2.1.4. 법정근로시간을 참고할 수 있다.
37) 임금 미지급에 대한 법적 근거는 본 사례의 부록 2.1.5. 근로기준법을 참고할 수 있다.
38) 근로자 퇴직급여의 관련 근거는 본 사례의 부록 2.1.6. 근로자퇴직급여 보장법을 참고할 수 있다.
39) 피터 T. 콜먼, 로버트 퍼거슨(2014), 전게서.
40) 피터 T. 콜먼, 로버트 퍼거슨(2014), 전게서.
41) 원창희(2019). 『갈등코칭과 협상코칭』. 한국문화사.

▌참고문헌 ▌

고용노동부(2022), "집단적 노사관계 업무매뉴얼."

김대중(2019). "사례분석을 통한 사회갈등의 유형별 해소방안에 관한 탐색적 연구," 『협상연구』.

박원배·최수근(2009), "단체교섭 및 단체협약 노사관계론 발표 자료," 고려대학교 노동대학원.

배인연(2002), 『노사갈등과 분쟁해결론』, 중앙경제.

오민지(2022), "사회갈등인식이 국가 경제전망에 미치는 영향: 정부신뢰의 조절효과를 중심으로," 『한국사회와 행정연구』, 32(4), 63-89.

원창희(2005), 『노동분쟁의 조정: 이론과 실제』, 법문사.

원창희(2016), 『협상조정의 이해』, 한국문화사.

원창희(2019), 『갈등코칭과 협상코칭』, 한국문화사.

원창희(2021), 『성공하는 협상의 10가지 핵심역량』, 파인협상아카데미

이승길(2023), "새정부의 고용창출을 위한 노동시장 유연성 제고 필요," 『(월간) 노사focus』. 통권 제192호 (2023년 5월), pp.12-15.

전국경제인연합회(2021), "국가갈등지수 OECD 글로벌 비교," 2021년 8월 19일.

전남지방우정청, "징계사무처리요령," 전남지방우정청예규 제101호.

정영호·고숙자(2014), 『사회갈등지수 국제비교 및 경제성장에 미치는 영향』, 2014.

제주특별자치도노동위원회, "알기 쉬운 노동위원회 화해제도."

이부형(2016), 『사회적 갈등의 경제적 효과 추정과 시사점』, 현대경제연구원.

이투데이(2020), "법원 '시간제 돌봄전담사 복지비, 일한 만큼 지급하

라,'" 이투데이, 2020.9.9.

피터 T. 콜먼, 로버트 퍼거슨(2014), 『갈등을 관리하는 방법』, 미래북스.

한국사회보건연구소(2018). 사회통합 실태 진단 및 대응 방안 보고서.

LaPl(2023), "노동쟁의의 중재: 개시요건, 중재위원회 구성, 불복, 효력," 知&노무컨설팅.

Frey, Martin A.(2003), *Alternative Methods of Dispute Resolution*, Canada: Delmar Learning.

Masters, Marick F. and Albright, Robert R.(2002), *The Complete Guide to Conflict Resolution in the Workplace*, New York, NY: AMACOM.

Patterson, Susan and Grant Seabolt(2001), *Essentials of Alternative Dispute Resolution*, 2nd ed., Dallas, Texas: Pearson Publications Company.

Ury, W., J. M. Brett, and S. B. Goldberg(2015), "Three Approached to Resolving Disputes: Interests, Rights, and Power," in *Negotiation Reading, Exercises and Cases*, 7th ed., Lewicki, Barry, and Saunders, (eds.), New York, NY: McGraw-Hill. pp.1-13.

■ 찾아보기 ■

■ 제1저자 원창희 프로필

[학력]
고려대학교 경영대학 경영학학사
고려대학교 대학원 경제학석사
미국 오하이오주립대(The Ohio State University) 경제학박사

[경력]
한국노동교육원 교육본부장, 교수
숭실대 노사관계대학원 겸임교수
한국노동경제학회 / 한국노사관계학회 부회장, 이사
서울지방노동위원회 / 경기지방노동위원회 공익위원
국회 환경노동위원회 전문위원
아주대학교 경영대학원 겸임교수
9th Asia Pacific Mediation Forum(APMF) Conference 준비위원장
단국대학교 경영대학원 협상론 강사
한국코치협회 인증코치
한국조정중재협회 부회장
한국갈등조정가협회 회장
미국 연방조정알선청 명예조정관(현)
서울중앙지방법원 / 서울가정법원 조정위원(현)
고려대학교 노동문제연구소 연구교수(현)
한국협상경영원 대표 / 원장(현)

[저서]
노사간 신뢰구축의 길(공저, 나남출판사, 2004)
노동분쟁의 조정: 이론과 실제(법문사, 2005)
사례로 배우는 대안적 분쟁해결: 협상조정중재(이지북스, 2009)
갈등관리의 이해(한국문화사, 2012)
직장인 행복서(인더비즈, 2014)
협상조정의 이해(한국문화사, 2016)
갈등코칭과 협상코칭(한국문화사, 2019)
함께 행복한 협상 이야기(네고메드, 2020)
역사 속 위대한 협상가 이야기(파인협상아카데미, 2022)
조직갈등해결의 실무와 사례(한국협상경영원, 2023)
성공하는 협상의 10가지 핵심역량(개정판)(한국협상경영원, 2024)

■ 제2저자 이은희 프로필

[학력]
경희대학교 경영대학원 경영학과 경영학석사
호서대학교 벤처대학원 벤처경영학과 경영학박사

[경력]
㈜ 와이즈그룹컨설팅 대표이사
서울미디어대학원대학교 특임교수
서울과학기술대학교 일학습병행 현장교수
한국벤처창업학회 이사
NCS 기업활용 컨설팅 전문가
중소기업 인사·노무 협상관리 전문위원
경기도 양주시사회적경제지원센터 자문위원
소상공인시장진흥공단 상인교육 전문강사
한국사회적기업진흥원 전문강사
인천시 강화군 취창업센터 전문강사
한국사회적기업진흥원 전문컨설턴트
ESG 공급망 평가 전문 컨설턴트
서울지방 보훈청 전역 간부 취창업 멘토
협상가1급 자격증(한국협상경영원)

[논문]
사회적 기업가 정신이 사회적기업 구성원의 직무열의에 미치는 영향 :
    가치일치성의 매개효과를 중심으로, 경희대학교 경영대학원, 석사학위
    논문(2018)
사회적기업 근로자의 직무 적합성, 조직 공정성 및 사회적 책임활동이 직무
    몰입에 미치는 영향에 관한 실증 연구 : 임파워먼트의 조절 효과를
    중심으로, 호서대학교 벤처대학원, 박사학위논문(2022)

■ 제3저자 김한조 프로필

[학력]
뉴욕시립 퀸즈대학(Queens College) 언어학 학사
고려대학교 노동대학원 노사관계학 석사

[경력]
한국고용노동교육원 경영지원팀장(현)
한국고용노동교육원 학교교육팀장
한국고용노동교육원 강사
고용노동부 학습조직 퍼실리테이터(FT)
노동부유관기관노동조합 한국고용노동교육원지부 수석부위원장
협상가1급 자격증(한국협상경영원)

■ 제4저자 채형석 프로필

[학력]
서울시립대학교 정경대학 국제관계학 학사

[경력]
공인노무사(2015년)
노무법인 C&L ESG 센터 부대표노무사
한국고용노동교육원 청렴시민감사관
통일부 공무직 채용 심사위원
협상가1급 자격증(한국협상경영원)
한국조정중재협회 전문가 1급
ISO 45001(안전보건경영시스템) 심사원
ISO 37001(부패방지경영시스템) 심사보
ISO 37301(준법경영시스템) 심사보

노동갈등해결의 실무와 사례

1판1쇄 발행 2024년 7월 5일

지 은 이 원창희, 이은희, 김한조, 채형석
펴 낸 이 원창희
펴 낸 곳 한국협상경영원
기획홍보 조윤근
편   집 최숙
등   록 2020년 5월 11일
주   소 서울특별시 서초구 서초대로46길 99, 4196호(현빌딩)
전   화 02-6223-7001
팩   스 050-4186-4540
이 메 일 k-nego@daum.net
홈페이지 www.k-nego.com

ISBN 979-11-979913-3-2

이 도서의 국립중앙도서관 출판도서목록은 서지정보유통지원시스템
홈페이지(http://seoji.nl.go.kr)와 국가자료공동목록시스템(http://www.nl.go.kr/kolisnet)에서
이용하실 수 있습니다.(ISBN 979-11-979913-3-2으로 검색)